KB184050

돈 모을 결심을 하고
인생이 달라졌습니다

돈 모을 결심을 하고 인생이 달라졌습니다

푼돈으로 큰돈 만드는 찐주부J의
생활 재테크 이야기

진다영 지음

한스미디어

어쩌다 경제 인플루언서

재테크란 단어는 언제 들어도 참 어렵게 느껴집니다. 소셜 미디어에서 보면 모두 열심히 모으고, 투자하는 것 같은데 나만 제자리인 것 같아 마음이 불안해지기도 하고요.

저 역시 경제를 차근차근 배워 나간다는 생각으로 2022년 블로그를 시작했습니다. 처음에는 누구나 할 수 있는 절약하는 일상과 저축이 제가 다룰 수 있는 유일한 콘텐츠였습니다. 사실 덜컥 재건축 아파트를 매수한 것을 제외하면 금융 투자에는 문외한이었기 때문입니다. 그런데 일상의 절약과 영끌러의 이야기가 감사하게도 생각보다 많은 분들의 공감을 얻었고, 저도 이웃들의 이야기를 통해 진짜 경제에 조금씩 관심을 가지기 시작했습니다.

마침 코로나로 세계 경제가 멈춰서고 생전 보지 못했던 이야기들이 뉴스에 쏟아지던 때였습니다. 저에게는 '기준금리 인상'이라는 단어도 낯설 때라 모든 게 처음이었지만, 지금 와서 보니 대다수의 분들에게도 처음 겪는 유례없는 시기였던 듯합니다. 변화가 많은 시기인 만큼 배울 것도 많았습니다. 매일 새로운 고금리 예적금 상품도 쏟아졌고, 최근 10여 년간은 본 적이 없었을 정도로 개인 투자자들이 채권을 사들이기 시작했습니다. 여러 절세 및 지원책들도 새롭게 나오기 시작했습니다.

경제와 재테크가 마치 교과서 속 이야기처럼 낯설게만 느껴지던 시절 초보의 눈높이에서 매일 유튜브와 뉴스 기사를 보며 시작했고, 지금도 여전히 배워가며 실생활에 친숙한 정보를 다루겠다는 마음으로 '찐주부J의 생활금융'이라는 블로그를 열었습니다. 이후 운이 좋게도 네이버 경제 인플루언서로 선정되고, 이달의 블로그에 이어 2023년엔 올해의 블로그까지 되면서 어쩌다 보니 어렵기만 했던 지식을 알리는 블로거가 직업이 되었습니다.

처음 책 출간에 대한 제의를 받았을 때, 꽤 오랜 시간을 고민했습니다. '블로그를 한 지도 얼마 안 된 내가 책을 써도 괜찮을까?' '내가 가진 경험과 지식이 한 권의 책이 될 수 있을까?'와 같은 걱정부터 됐습니다.

경제 인플루언서가 되고 나서 주변에서 가장 많이 들었던 말은 '나도 돈 모아야 하는데'였습니다. 전문적인 컨설팅은커녕 당장의 월급도 어쩌지 못하는 친구들이 생각보다 많았습니다. 모두 다 똑소리 나게 집도 사고, 투자도 하는 것 같아 보여도 대부분은 경제 뉴스가 어렵고, 재테크도 낯설었던 것입니다. 제가 운영하는 블로그가 전문적인 투자 정보가 아닌 기초금융과 예적금, 정책, 절세가 주된 콘텐츠임에도 하루 평균 1만 명의 사람들이 방문하는 것도 같은 이유라 생각합니다.

그래서 30대 초반의 신혼부부인 제가 평범한 월급으로 알뜰살뜰하게 2년 동안 1억 원을 모아보고, (은행의 도움을 받긴 했지만) 내집 마련도 하면서 경제를 배워가는 초보자의 이야기가 친숙하게 다가가지 않을까 생각하게 되었습니다. 가끔은 전문가보다 누구나 옆에 있을 법한 평범한 사람의 이야기가 더 귀 기울여지는 것처럼 말입니다. 그래서 어떤 사람에겐 이 책이 누구나 다 아는 얘기를 하고 있다고 느껴질 수도 있습니다.

하지만 이 책을 쓰게 된 진짜 이유는 돈 관리가 어려워서 망설이고 있는 훨씬 더 많은 청년과 신혼부부 들에게 꼭 필요하다고 생각하기 때문입니다. 사회초년생이 월급명세서를 마주하고, 짠순이지만 나다운 소비를 하는 방법, 내집 마련을 위해 알아야 하는 것들, 쏟아지는 지원 정책을 활용하며 자산을 축적하고 절세하는 세테크 팁까지 제가 전할 수 있는 지식을 최대한 꾹꾹 담아 써보았습니다. 경제를 모르지만 돈 관리를 잘하려고 마음먹은 모든 분들이 용기를 얻고, 조금이라도 동력이 될 수 있는 책이 되었으면 좋겠습니다.

모든 일에는 시작이 있는 법입니다. 늦었다고 생각할 때가 조금만 시간이 지나고 보면 그래도 시작하기 괜찮은 때가 맞았던 것처럼. 매달 들어오는 통장의 월급을 어찌할 줄 몰랐던 또 다른 찐주부들에게 알찬 도움이 되길 바랍니다.

끝으로 제 소박한 이야기와 지식을 책으로 내 볼 수 있도록 찐주부다운 기획서를 제안주시고, 이끌어 주신 한스미디어 편집팀과 언제나 무한 격려를 해준 저의 버팀목 찐남편과 가족들에게도 고마운 마음을 전합니다.

차례

돈 모을 결심이라는 마인드셋

똑똑한 예산 관리는 나의 소비 패턴 파악부터!

투자를 위한 시드, 모아보자 목돈!

N년차 직장인, 한 발 더 나가는 세테크 · 재테크

내집 마련을 위한 첫걸음

신혼부부의 돈 관리는 어떻게 할까?

PART 1

돈 모을 결심이라는
마인드셋

모든 것이 불확실한 시대를
살고 있는 우리

2022년 하반기, 뉴스 속 영끌러들처럼 우리 부부는 홀린 듯이 재건축 아파트를 매수했다. 하늘 모르고 치솟던 집값에 더 늦으면 집을 아예 살 수 없을지도 모른다는 불안감에 사로잡혀 덜컥 사버린 것이다. 평범한 월급으로 알뜰살뜰 모으며 소소한 행복을 느꼈던 우리는 1주택자가 되면서 이제는 통장을 스쳐 지나가는 월급만 보게 되었다. 내집 하나를 갖는 대가가 이렇게 큰 줄 그때는 몰랐다. 신고가를 찍은 이후, 가파르게 오르기만 하던 부동산 시장도 순식간에 얼어붙기 시작했다.

서울을 비롯한 대부분의 지역이 곤두박질쳤다. 떨어지는 집값과 함께 금리 인상이 더해지면서 이자 부담까지 2배로 커졌다. 2020년과 2021년 미친듯이 오르던 주식시장도 함께 얼어붙었다. 아마 우리뿐 아니라 많은 이들이 겪어보지 못한 변화에 공포에 떨었던 순간들이 아닐까 싶다.

코로나19 팬데믹을 포함한 최근 몇 년 동안 우리는 굉장히 특수한 경제 상황을 목격했다. 유례없이 급격한 금리 인상기를 거쳤고, '전국민 지원금'이라는 명목으로 나라에서 돈도 퍼줬으니 말이다. 교과서 속에서만 봤던 IMF 외환위기, 2008년 미국발 글로벌 금융위기처럼 어려운 시기를 지나게 된 것이다. 조금 더 시간이 지난다면 우리도 역사의 한 가운데 있던 사람들이 될지도 모르겠다.

사실 평범한 사람들에게 기준금리가 급격히 올랐다는 사실이 체감되는 순간은 대출 이자가 빠져나갈 때일 것이다. 우리나라는 가계대출 비율이 굉장히 높은 편이다. 소득이 있는 직장인이면 신용대출도 어렵지 않게 가능할 뿐 아니라 집을 구할 때도 전세 대출은 당연하고, 아파트를 살 때도 당연히 가용할 수 있는 대출 모두를 고려하기도 한다. 때문에 이러한 우리 일상에서 금리가 올라갔다는 것은 삶에 필수적인 '주거비용'이 급격히 올라갔다는 의미기도 하다.

매월 50만 원을 내던 이자가 불과 몇 달 만에 100만 원이 되었으니 얼마나 숨막히는 일인가. 이제는 전세 이자와 월세가 버금가는 수준이 되었다. 사실 월급과 나가는 고정지출은 그대로인데 주거비가 2배 이상이 되면 소비 심리는 당연히 위축될 수밖에 없다. 그러니 물건 하나를 살 때도 한 번 더 고민하면서 자연스럽게 지갑을 닫고, 나라 안에서도 돈의 순환이 더뎌지게 되는 것이다.

이렇게 우리는 갑작스럽게 몇 달 만에 '고금리 시대'를 직면하게 되었다. 당장 주거 비용만의 문제가 아니다. 경제 위기가 심해질까봐 나라에서는 어쩔 수 없이 시중에 막대한 돈을 풀기 시작했고, 급격한 물가 상승인 인플레이션으로 이어졌다. 시중에 돈이 많아지면서 화폐의 가치는 상대적으로 떨어졌다. 그 결과 분명 장바구니에 담은 건 별로 없는데, 계산은 금세 몇만 원을 훌쩍 넘고, 자주 가던 식당의 가격은 2,000원, 3,000원씩 훅훅 올라 있기도 했을 것이다. 그래서 나라에서도 서민들의 한숨이 느껴지지만 경기가 침체되어 가라앉는 것만은 막아야 하니 금리를 인상하고 돈을 풀고, 정책적으로 조절하면서 아슬아슬한 줄타기를 하는 것이다.

우리 모두 처음에는 몇 개월 정도면 안정되겠지, 생각했다. 하지만 실제로는 한국은행 역사상 유례없는 인상이 계속되었고, 10년 만에 연 3% 금리의 시대를 다시 열었다. 결국 2021년 8월부터 시작되었던 인상은 2023년 1월 연 3.50%까지 올리고 나서야 멈춘 상태다. 현재까지도 역사상 최장기 동결 기록을 계속해서 갈아치우고 있으며, 글을 보는 시점에 따라 다르겠지

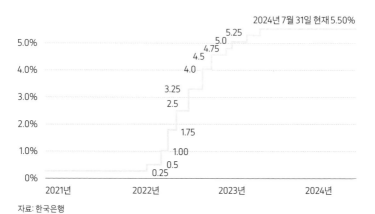

한국은행 기준금리(연 기준)

2024년 7월 31일 현재 5.50%

자료: 한국은행

만 2024년 9월 현재도 진행 중이다. 경제는 어느 누구도 쉽게 예측할 수는 없다는 것을 체감했던 시기였다.

이러한 변화의 시기를 거치면서 현금과 주식 그리고 부동산 등 대부분의 자산 가치도 자연스럽게 하락했다. 우리 부부 또한 한 푼 두 푼 모아 산 아파트의 투자금은 거의 사라진 셈이 되었다. 우리는 누구보다 비싼 값을 치르며, 경제를 배웠다. 어찌 보면 지금과 같은 격동기가 고통스러워도 공부하기에는 좋은 시기가 아닐까 싶기도 하다. 2000년대 이후로 10년이 넘는 시간 동안 우리나라는 움직임이 없는 저금리 시대였고, 정체되었던 시간이기도 했기 때문이다.

하지만 우리는 지금 짧은 시간 동안 급격한 모든 변화들을 생생히 두 눈으로 보고, 경험하는 중이다. 이 불확실한 시기를 얼마큼 배워가고, 경험을 쌓아가느냐에 따라 다음 10년의 내 자산이 결정될 것이다. 절대 늦지 않았으니 한 번 차근차근 시작해 보자.

돈 관리의 시작은
내 월급에서부터

최근에 물가가 특히 많이 올랐음을 체감한다. 오랜만에 찾아간 돈까스 집에서는 1만 원이 1만 5,000원이 되어있었다. 마트에 가서 장바구니에 몇 가지만 담으면 5만 원, 10만 원은 우습게 넘어갔고, 집값이 오르는 속도는 따라가기도 버거웠다. 안타깝게도 물가가 오르는 속도에 비해 우리 월급이 오르는 속도는 너무 더디다. 대단한 고소득자가 아닌 이상 평범한 근로소득으로는 모든 게 점점 더 어려워지고 있다.

내 월급이 아무리 작고 귀여워도 돈 관리는 고정 소득인 내 월급에서 시작된다. 그저 내 월급에 맞춰 살다 보면 소비하기 급급해지는 것이 가장 큰 문제다. 누구나 당장 사고 싶은 것은 많고, 조금이라도 돈이 더 들어왔다 싶으면 보상 심리가 생기기 때문이다. 월급의 대부분은 그냥 써버리고, 남은 돈 조금 적당히 저축하면서 내 미래도 그저 지금의 통장 잔고에 맞춰지는 것이다. 그리고 이러한 막연함은 곧 인생에 대한 불안감으로 굳어지기 마련이다.

단순히 월급 통장에 들어오는 급여에 맞춰 생활하기 보다는 월급을 올바르게 보는 것부터 시작이다. **선(先)저축 후(後)지출**을 지키면서도 가치로운 소비를 통해 삶의 만족도를 유지하는 자신만의 적정선을 찾아가보길 바란다.

상상 그 이상의 격차, 선저축과 후저축

어차피 정해진 월급에서 쓰는 건 거기서 거기라고 생각할 수 있다. 하지만 목적지를 정해두고 가는 길과 그렇지 않은 길이 어떻게 같다고 할 수 있을까? **선저축이 주는 힘은 '목표'다.** 나의 경우에는 막 돈을 벌기 시작해 사고 싶은 것도 많고 하고 싶은 것도 많던 20대 중반에 곳곳에 도사리는 유혹으로부터 나를 지키는 힘이 되었다.

특히 20대와 30대에 갖고 싶은 것들 대부분은 월급을 모아 살 만하다는 점이 가장 큰 유혹이었다. 처음에는 고만고만한 것들이라 딱히 월급에 타격이 없을 수 있다. 하지만 다 쓰고 남는 돈으로 저축하는 습관이 몸에 배면 소비하는 습관의 스케일도 커지기 마련이다. 백화점 화장품 수준이었던 약간의 소비가 외제차가 되어있기까지 몇 년이 채 걸리지 않는 것을 많이 보았기 때문이다. 그쯤 되면 필요한 것도, 갖고 싶은 것도 아니라 습관적인 소비가 잦아진다. 그렇게 3년만 지나도 선저축과 후저축의 격차는 어마어마하게 벌어질 것이다.

무조건 절약하고 저축만 하라는 얘기는 아니다. 나만의 기준점은 필요하다는 것이다. 때문에 선저축의 목표치는 각자의 사정에 따라 다를 수 있다. 결혼 전에는 부모님과 함께 거주하느냐, 자취를 하느냐에 따라 다르다. 독립 후에는 월세냐, 전세냐에 따라 저축 비율이 달라질 것이다. 물론 월급에 따라서도 마찬가지다. 하지만 불필요한 유혹으로부터 나를 지키기 위해서 월급날 저축금액을 일단 이체해 두는 것만으로도 안전장치를 하나 걸어두고 시작하는 셈이다.

일단 **월급의 일부를 먼저 저축하자.** 나의 의지로 조절이 안 된다면 매월 월급일에 일정한 금액을 적금 통장, ISA 통장, 청약 통장, 생활비 및 상비금 통장에 이체해 버리고 0원을 만드는 습관을 들이는 것도 좋다. 무엇보다 중요한 것은 **일단 기계적으로 저축**해야 한다는 것이다. 우리의 의지는 생각보다 나약하다. 어떻게 월급을 배분하고, 얼마를 저축할 것인지 등 다음 장에 상세하게 적어봤으니 하나씩 따라 하면 결코 어렵지 않을 것이다.

계획적인 소비와 절약이 주는 삶의 윤택함

선저축 10년차쯤 되니 매월 들어오는 월급과 선저축의 루틴이 이제는 편하게 느껴진다. 기계적으로 통장에 분산해서 넣고 나면 욕심도 조금은 사라지는 느낌이랄까? 우리 부부는 매월 고정적인 용돈과 생활비가 책정되어 있다. 그리고 상비금을 운용하여 경조사비, 세금 등 연간 소비나 소소한 쇼핑을 하기도 한다. 지금도 여전히 마음 속에 사고 싶은 것들이 많지만 이미 세팅 되어 있는 시스템 덕분에 계획을 지켜나가는 데 그다지 에너지가 쓰이지 않는다.

처음에는 얼마큼의 돈을 쓰는 게 적절한 소비인지를 깨닫는 게 어려울 수 있다. 처음 사회생활을 시작하거나 결혼 후 1년 정도만 지나면 어느 정도 연간 혹은 월간 고정비용들은 소위 '각'이 나온다. 부모님 생신, 어버이날, 자동차세, 보험료 등 기록만 해도 다음 해를 예측하기 훨씬 수월하다.

반면 용돈이나 여가비, 문화비와 같은 비용은 조금 어려울 수 있다. 이는 결혼 유무와 자녀 계획, 나이, 라이프스타일 그리고 소득 등 여러 가지 면을 복합적으로 고려해야 하기 때문이다. 하지만 차차 습관이 자리 잡히다 보면 점점 '나다운 적정선'을 발견할 수 있을 것이다.

나는 왜 이렇게 절약에 열심일까, 스스로 생각해본 적이 있다. 그 답은 비용을 아끼는 데에서 오는 약간의 희열도 있지만 결국 '쓸 때 더 잘 쓰기 위해서'였다. 우리가 쓸 수 있는 돈은 언제나 한정적이다. 어떨 땐 한 달 혹은 6개월 정도의 단기 목표를 위해서는 극단적인 절약도 할 수 있다. 하지만 현실적으로 요즘 사람들에겐 지금의 행복도 굉장히 중요하다. 모으기만 하느라 지금의 내가 배울 수 있고, 경험할 수 있는 것을 그저 나중으로만 미루고 싶지 않기 때문이다.

그래서 내가 가치롭다고 느끼는 영역에서는 쓰고, 그렇지 않다고 느끼는 영역에서는 절약하면서 균형을 맞춰가고 있다. '살까, 말까'의 선택의 기로에서의 결정도 생각보다 심플해진다. 패션, 화장품, 인테리어, IT 기기 등 소비재부터 운동, 공연, 도서 등 '내 영역'과 '아닌 영역'을 구분해야 한다. 나에게 있어서 '아닌 영역'을 절약하다 보니 자연스럽게 미니멀 라이프를 추구하게 되었다.

불필요한 것을 사느라 소비하지 않아도 되고, 소비한 물건들을 정리하느라 시간을 허비하지 않아도 된다. 꽉 찬 것보다 약간 비어 있는 느낌도 더 좋다. 자연스러운 미니멀리즘이 되어가는 과정인 듯하다. 대신 나름대로 우리에게 필요한 것들로 공간과 시간을 채우려고 한다. 무작정 하는 소비보다 가치로운 소비가 오히려 삶을 더 윤택하게 하는 법이니 말이다.

내 소비영역 찾아가기

화장품 IT기기 운동 공연 여행 건강

:

내 영역   아닌 영역

구두쇠와 현명한 소비자의 한 끗 차이

많지 않은 월급으로 사회생활을 했던 20대의 나를 돌아보면 간혹 내가 구질구질해 보이기도 했다. 부모님에게서 독립해 서울에서 언니와 함께 살던 나의 평범한 월급으로는 한 달에 100만 원 저축하기도 쉽지 않은 것이 현실이었기 때문이다. 만 27살의 나이로 시작했던 신혼시절엔 사고 싶은 화장품, 옷, 가방을 편하게 사는 것만 같은 친구들을 보면서 하나를 사도 10번은 고민해야 하는 현실이 싫기도 했다. 누군가에게는 당당한 절약이 나에게는 위축이 되었다. 너무 짠순이가 되는 것만 같아서 부끄러울 때도 있었다. 그래서 '있는 척'은 못해도 굳이

아끼는 일상을 다 공유하지는 않았다.

여전히 지금도 가끔 선택의 기로에 놓이기도 하지만 '보여 주기 위한 소비'보다 '진정으로 내가 원하는 소비'를 찾아가는 중이다. 그리고 주변을 둘러보니 나와 같은 친구들도 꽤 많았다. 가끔은 할인 정보를 공유하기도 하고, 오랜만에 만나도 돈은 가성비 있게 쓰되 깊이 있는 대화를 나누려고 한다.

구두쇠와 현명한 소비자는 한 끗 차이다. 모든 것을 '그저 아끼는 데에만' 혈안이 되어있다면 구두쇠라고 생각한다. (물론 경제적인 상황이 어쩔 수 없는 사람은 제외한다.) 특히 작은 것도 주변 사람들과 나누지 못하고, 그저 아까운 마음만 든다면 옳지 않다. 항상 모든 구매의 기준을 '싼 것' '최저가' '안 쓰는 것'에만 집중하면 생각보다 많은 것을 잃게 된다.

가끔은 돈보다 더 큰 가치가 있다는 것을 아는 현명한 소비자가 되기 위해 노력한다. 개인적으로 나는 시간과 사람, 건강, 배움 그리고 경험은 바꿀 수 없는 가치로 정했다. 결국 '시간이 지나면 돈을 줘도 살 수 없는 것'에 돈을 쓰기로 했다. 지금 내가 지킨 내 건강, 배움과 경험 그리고 내 사람은 시간이 지날수록 더 빛을 발하고 나의 자산이 되기 때문이다.

또 처음 경험하는 것은 한 번 정도 돈을 써보려고 한다. 돈만을 우선순위로 생각하다 보면 익숙한 것만 찾게 되고, 새로운 것을 경계하게 되기 때문이다. 여전히 무언가를 배우기 위해 강의료를 지불할 때나 병원비를 내야 할 때 그 순간에는 아까운 마음이 들기도 한다. 하지만 '지금은 쓸 때다'라는 판단을 하고 시간이 조금만 지나고 나면 대부분 만족감으로 돌아왔다. '역시, 살 만했어' '역시, 갈 만했어.' 또 아쉬운 소비가 되었을 때에는 앞으로 더 이상 '살까, 말까' 망설이지 않아도 되고, 좀 더 나다움을 찾는 기회비용이라 생각하게 되었다.

최근에 기억나는 '가치 소비'가 있었다. 경제 블로그를 운영하며 부족한 경제 지식을 채우기 위해 유튜브를 많이 활용했는데 파편적인 지식에 아쉬움이 컸다. 그러다 즐겨보는 유튜버 강사가 오프라인 강의를 열었는데 4주에 29만 원이었다. 결코 적지 않은 금액에 망설여졌다. 영상으로도 충분할 것만 같았지만 한 번은 들어보고 싶었다. 주말 오전 10시 수업이라 아침에 일어나는 것도 벅찼지만 수업은 기대 이상이었다. 개인적으로는 '돈값 했다' 생각했다.

현장 강의의 열정은 대단했고, 내가 놓치고 있던 지식도 생각보다 많았다. 강사뿐 아니라 수강자들의 열정까지 에너지를 채우는 기분이었다. 그래서 한 달간 설레는 마음으로 아침에 2호선을 타고 갔다. 내 직업인 블로그를 위해서도, 가계의 재테크를 위해서도 좋은 선택이었다. 이후에도 지금의 경험으로 미래를 바꿀 수 있는 시간이 된다면 쓰려고 한다.

사실 나와 같은 짠순이들이 가장 경계해야 할 것은 '시간'이다. 종종 조금 더 저렴한 것을 찾기 위해 무한정 시간을 쓰기도 한다. 그러나 돈만큼 귀중한 것이 바로 시간이므로 적절히 조절해야 한다. 물론 생각보다 저렴하게 물건을 구입했을 때의 짜릿함을 알기에 지금도 종종 열심히 검색하곤 하지만 적당히 시간을 정해두고, 그 안에 최선의 선택을 하려고 한다.

나에게 가치로운 것이 무언인지 끊임없이 스스로와 대화해보길 바란다. 결혼 전후가 다를 수 있고, 20대와 30대가 또 다를 수 있다. 평소에는 아끼더라도 내가 가치롭다고 생각하는 영역에서는 쓸 줄 알게 된다면 구질구질함이 아니라 현명함이 된다고 생각한다. 여러분도 이 책을 통해 좀 더 '나다운 소비'에 대해서 찾아가는 계기가 되었으면 좋겠다.

푼돈 모아 큰돈 만드는
재테크의 세계

목돈을 한 번이라도 모아본 사람이라면

투자의 기본은 '시드(seed)'라고도 하는 자금을 마련하는 것이다. 단순한 예적금 저축은 물론이고 최근에는 소액으로 투자할 수 있는 다양한 방법들이 많아졌다. 주식이든 ETF 펀드든 적립식 투자든 다 좋다. 어떤 방식으로든 **목돈을 만드는 경험이 중요하다.** 돈을 모으는 게 당연한 습관이 될 뿐 아니라 성취감과 뿌듯함도 크기 때문이다.

몇 년 전, 사촌동생이 제대를 하면서 1,000만 원이라는 목돈을 모았다는 이야기를 듣고 꽤나 놀랐던 기억이 있다. 알고 보니 장병들의 월급이 많이 올랐고, '장병내일준비적금'으로 저축을 하면 정부 지원금을 함께 주는 제도 덕분이었다. 이제는 사회초년생이 되기 전, 20대 초반 군인 월급으로도 재테크를 시작할 수 있는 시대가 열린 것이다.

여러 제도가 대학생, 사회초년생, 신혼부부 등 청년들의 목돈 모으기를 돕고 있다. 물론 현실적인 어려움도 많은 세대지만, 그만큼 기회도 많아진 것이다. 푸념하기 보다는 내가 활용할 수 있는 기회는 무엇인지 끊임없이 찾아봐야 한다. 개인적으로는 사회초년생, 신혼부부일 때가 중요하다고 생각한다. 빠르면 빠를수록 좋다. 가정과 자녀가 생기면 아무래도 고려해야 할 것들이 많아지면서 다양한 투자를 경험하기 어렵기 때문이다. 그래서 하루라도 일찍 목돈을 모아보고, 투자하는 경험을 할수록 훨씬 더 다른 경험치를 쌓아갈 수 있다.

나는 결혼을 하고 나서 목돈을 만드는 즐거움을 깨닫게 되었다. 평범한 두 사람의 월급이라도 합하니 훨씬 더 많은 돈을 만질 수 있었고, 저축률을 높이는 재미도 쏠쏠했다. 뭔가 사고 싶은 것이 생기다가도 '저축률 60%'를 달성하고 싶다는 목표가 생기니 사고 싶은 마음을 참기도 조금 더 쉬웠다. 매달 리뷰를 하니 고정비를 줄일 수 있는 부분도 눈에 더 잘 들어오고 보너스라도 들어온 달에는 그대로 저축했다. 그래도 쌓여가는 돈을 보며 뿌듯했고, 평범한 월급으로 2년에 1억 원도 모으면서 내집 마련도 할 수 있었다.

　누군가가 말했다, 일단 1,000만 원부터 모아보라고. 그 다음 5,000만 원, 다음은 1억 원을 한 번 모아보라고 했다. 사실 1억 원이 있다고 집을 살 수 있는 것도 아니다. 오히려 소비재를 사기 딱 좋은 목돈처럼 느껴지기도 한다. 하지만 한 번 돈을 모아본 사람은 그 즐거움과 뿌듯함을 안다. 그리고 그 다음 목표를 향해 갈 동력을 얻을 테니 차근차근 목돈을 모아가는 경험을 시작해 보자.

시간을 내 편으로 만드는 길, 투자

　참 안타깝게도 재테크를 하는 사람은 더 열심히 하고, 안 하는 사람들은 별로 그다지 관심을 갖지 않는다. 그래서 그 격차는 시간이 지날수록 더욱 벌어진다. 남는 돈으로 불규칙적인 저축을 하거나 규칙적으로 모으지만 은행에만 예치하는 사람 그리고 규칙적으로 모아 투자하고 불리는 사람 사이의 격차는 점점 더 커질 수밖에 없다.

　이러한 격차는 20대나 30대 초반까진 느끼기 어렵다. 사회 초년생의 월급으로 모을 수 있는 시드가 한정적이기 때문이다. 하지만 30대 중반이 되면 조금씩 자산 차이가 나기 시작하고 중년을 지나고 나면 따라잡을 수 없는 격차로 벌어질 것이다.

종종 주변의 사람들을 보면 투자에 대해 굉장히 보수적인 경우가 있다. 투자는 무조건 위험한 것으로 규정하고, 원금을 잃지 않는 것을 최선의 투자라고만 생각하기도 한다. 그래서 내집 마련을 할 때도 대출을 받지 않고 순수 목돈으로 마련할 수 있을 때 살 것이라고 하기도 한다. 반면 본인이 가용할 수 있는 모든 신용대출을 끌어 투자하고, 기본적인 월급 관리나 자산 관리는 전혀 되지 않는 투자자들도 있다. 100%, 1,000% 수익률과 같은 자극에 사로잡혀 그저 공격적으로만 단시간 최대의 수익률을 내는 것에만 매몰된 있는 사람들도 있다.

지나친 공격형도, 과도한 보수형도 결코 옳지 않다. 건강한 투자는 '시간의 힘'을 동력으로 한다. 단기적으로 보면 굉장히 큰 하락처럼 보여도 한 발짝 떨어져 조그만 더 긴 시간으로 본다면 잠깐의 숨 고르기일 뿐인 경우가 많다. 서울 아파트 가격

2006-2024년 서울 아파트 매매 실거래 가격지수 추이

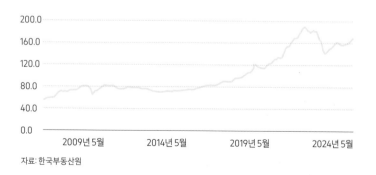

자료: 한국부동산원

도 한없이 오르기만 한 것 같지만 시기에 따라서는 오르기도 하고, 내리기도 하면서 우상향 해왔다. 투자에서만큼은 시간을 내 편으로 두고 생각하자.

물론 소액으로 다양한 투자 경험을 쌓는 것은 매우 좋다는 생각이다. 앞서 목돈을 모으는 과정과 똑같이 나이가 어릴수록 투자 경험은 다채로울 수밖에 없다. 요즘은 소액으로도 할 수 있는 투자가 정말 많아졌다. 소수점 미국주식, ETF 펀드를 사는 것부터 해서 부동산 조각투자 등 공격적인 투자도 아주 소액으로 경험해보는 것은 분명 의미가 있다. 경험이라는 시간이 쌓여 또 다른 결과를 만들어낼 테니 말이다.

투자만이 재테크는 아니다

월급을 모아 저축해 시드를 만들고, 이를 투자하는 것만이 재테크는 아니다. 특히 우리는 지금 출산율 0.778명, 청년 인구가 급감하는 불확실한 시대를 살고 있다. 국민연금은 대체 얼마를 받을 수 있을지도 모르겠고, 내집은 살 수 있는 수준인지조차 모를 정도로 올라있다. 그래서 최근에는 2030 청년들과 신혼부부를 위한 다양한 주거 정책, 대출과 목돈 모으기를 위한 금융정책 그리고 절세 정책들이 쏟아지고 있다.

사실 주식에서 100%의 수익률을 낸다는 것은 정말 쉽지 않은 일이다. 하지만 '청년내일저축'과 같은 정부 지원 금융 상품을 이용하면 내가 낸 금액만큼 정부에서 지원금을 적립해주고, 연 5% 은행 이자까지 별도로 받을 수 있다. 수익률이 100%가 넘는 셈이다. 최근에 이슈가 된 '청년 주택드림 청약통장'도 높은 우대 금리와 비과세 혜택 등을 받을 수 있다.

청년, 신혼부부 혹은 자녀가 있다면 본인의 나이와 소득, 가구원 등의 조건을 고려해 최대한 많은 지원 정책들을 활용하자. 물론 투자 경험도 함께 쌓아가야겠지만 청년을 비롯한 젊은 부부, 무주택자만이 이용할 수 있는 제도와 정책을 잘 활용하는 것도 하나의 재테크 수단이다.

세금과 재테크의 합성어인 '세테크'의 관점에서도 비슷하다. 혹시 연말정산은 매년 1월에 받는 어쩔 수 없는 통지표라고 생각하고 있다면 그렇지 않다. 우리가 내야 할 액수가 딱 정해져 있는 것 같아도 줄일 수 있는 방법이 생각보다 많기 때문이다. 물론 특수한 고소득자는 다를 수 있겠지만 일반적인 직장인들에게 해당되는 정말 많은 절세 정책이 있다. 부양 가족을 어떻게 등록하는지, 신용카드와 체크카드 중 어떤 것으로 결제하는지, IRP 퇴직연금을 활용하는지 등에 따라 추징이 환급으로 바뀔 수 있다.

최근 이슈가 되고 있는 'ISA 계좌'도 꼭 알고 넘어가야 하는 지점이다. 똑같이 투자해도 누군가는 15.4%를 세금으로 내지만 또 다른 누군가는 이와 관련해 비과세 혜택을 받으며 투자하고 있기 때문이다. 수익률로 15.4%를 더 올려야 한다고 생각해보면 절대 쉽지 않다는 것을 알 것이다. 계좌를 바꾸는 것만으로도 훨씬 더 쉬운 절세가 되는 것이다. 이렇게 재테크 초보자라고 해도 좀 더 쉽게 절세하고, 지원 정책을 활용하는 방법까지 책에서 자세하게 다뤘다.

재테크와 투자가 어렵게만 느껴진다면 실생활에서 할 수 있는 노력으로 비용을 줄이는 실천을 먼저 해보자. 섣불리 리스크 높은 투자에 뛰어들기보다 당장 내 월급과 소비를 돌아보고 정책을 활용하며, 절세를 하는 것부터 시작해도 좋다. 단단한 기초공사가 근거 있는 자신감을 만들기 마련이다. 이제 차근차근 '더 잘 쓰기 위한' 실생활 돈 관리에 대해 하나씩 살펴보자.

PART 2

똑똑한 예산 관리는
나의 소비 패턴 파악부터!

가계부 어플로
월간 고정비용 파악하기

처음이라면 일단 가계부 어플부터 깔자

어렸을 때, 아빠는 용돈기입장을 써야 용돈을 주겠다고 선포하셨던 적이 잠깐 있었다. 귀여운 통장 모양의 용돈기입장에 색종이 500원, 떡볶이 1,000원 한 글자 한 글자 꾹꾹 눌러 썼던 기억이 어렴풋하다. 물론 검사하는 아빠도, 쓰는 나도 살짝 귀찮았던 탓인지 숙제 검사는 그리 오래가지 않았다. 그렇게 용돈기입장은 잠깐의 기억으로 사라졌다. 하지만 지금 와서 보니 돈을 어떻게 썼는지를 기록해야 한다는 것을 은연중에 알게 된 계기는 그때였던지도 모르겠다.

그리고 20대 중반에 사회 생활을 시작하면서 가계부 어플을 활용해 본격적으로 가계부를 쓰기 시작했다. 처음에는 돈을 어디에 썼는지를 기록하는 정도였기 때문에 어린 시절 용돈기입장 수준과 그다지 다르지 않았다. 그래도 그때 이미 부모님으로부터 독립해서 따로 살았던 터라 나름 생필품 구입비며 관리비, 경조사비, 약속 비용 등 항목이 굉장히 다양해졌다. 준비물과 떡볶이만 사먹으면 되는 시절보다는 복잡해진 것이다.

처음에는 목적을 갖고 가계부를 썼다기 보다는 그냥 써야 할 것만 같아서 썼다. 그러다 보니 어느새 습관이 되었고, 유난히 많이 쓴 것만 같은 달에는 자세히 들여다보기 시작했다. 술값이 많이 나간 달이면 친구와의 약속을 조절하기도 하고 커피 지출이 큰 달이면 습관적으로 마시던 테이크아웃 커피를 줄여보기도 했다. 그렇게 자연스럽게 소비를 돌아보며, 지출을 조절했던 것이 나의 사회초년생 시절의 가계부였다.

이제는 나름 가계부 10년차가 되었다. 지금은 개인적인 용돈과 2인 가구의 생활비를 기록하는 두 개의 가계부 어플을 사용하고 있다. 여전히 어플에는 본연의 목적에 충실하게 소비에 대한 기록만 하는 편이다. 그리고 몇 년 전부터는 연간 가계부 엑셀을 따로 사용하여 월급, 자산, 경조사비 등을 기록하며 조금씩 레벨업을 해나가고 있다. 최근에는 투자 포트폴리오도 함께 운영하고 있다.

찐주부 연간 가계부 예시

		1월	2월	3월	4월	5월	6월	7월	8월	9월	10월	11월	12월	합계
총수입	남편													0
	아내													0
	기타													0
합계		0	0	0	0	0	0	0	0	0	0	0	0	0
저축/투자	아내청약													0
	청년적금													0
	ISA													0
	아내연저펀													0
	남편연저펀													0
합계		0	0	0	0	0	0	0	0	0	0	0	0	0
저축률		%	%	%	%	%	%	%	%	%	%	%	%	%

		1월	2월	3월	4월	5월	6월	7월	8월	9월	10월	11월	12월	합계
필수지출(1)	축조의금													0
	가족행사													0
	소계	0	0	0	0	0	0	0	0	0	0	0	0	0
필수지출(2)	주택													0
	차교통													0
	건강/운동													0
	개발													0
	기타													0
	소계	0	0	0	0	0	0	0	0	0	0	0	0	0
기타지출	쇼핑													0
	미용													0
	여행													0
	기타													0
	소계	0	0	0	0	0	0	0	0	0	0	0	0	0
합계		0	0	0	0	0	0	0	0	0	0	0	0	0

		1월	2월	3월	4월	5월	6월	7월	8월	9월	10월	11월	12월	합계
고정지출	이자													0
	보험													0
	부부공론													0
	생활비													0
합계		0	0	0	0	0	0	0	0	0	0	0	0	0

특히 모든 게 처음이고 어디서부터 시작해야 좋을지 막막하다면 일단 가계부 어플부터 깔기를 권한다. **얼마를 쓰고 있는지를 파악하는 게 가장 우선**이기 때문이다. 특히 요즘은 가계부 어플이 굉장히 다양하게 잘 나와서 번거롭게 실물 가계부를 산다거나 노트에 손글씨로 빼곡히 적는 수고는 하지 않아도 된다. 오히려 대부분 카드를 사용하거나 계좌이체를 통해 결제를 하고, 가계부 어플에서는 자동으로 연동되어 기록되어 정말 편리

하다. 무엇보다 항목별로, 한 달치 혹은 연간 통계를 확인할 수 있다는 점에서도 굉장히 유용하다. 때문에 다이어리처럼 사용하는 목적이 아니라면 어플을 사용하기를 권한다

어떤 어플이든 상관 없다. 앱스토어에서 검색해봤을 때 UI가 제일 편리해 보이거나 디자인이 예뻐 보이는 것으로 선택하면 된다. 오히려 복잡하거나 디테일한 가계부를 선택하면 금세 지쳐버리기 마련이다. 10년차가 된 지금도 매일 소비를 기록하는 가계부에는 기계적으로 빠짐없이 기록하는데 초점을 맞춘다. 그리고 종종 지출이 과할 때나 월말에 소비 리뷰를 할 때 다시 찬찬히 살펴보는 편이다.

만약 가계부를 한 번도 써본 적이 없다면, 어느 정도의 예산이 적절한지조차 가늠하기 어려울 것이다. 그래서 일단 두세 달은 편하게 소비를 모두 기록하는 것부터 시작해보자. 처음부터 거창한 목표를 세우기보다는 일단 평소에 쓰는 수준으로 편하게 기록하면 된다. 만약 좀 더 빠르게 다음 단계로 넘어가고 싶다면 카드 및 은행 어플을 통해 최근 3개월 사용기록을 확인해서 정리해보면 좋다. 요즘은 거의 현금 사용을 하지 않기 때문에 계좌 이체 혹은 카드 사용 내역을 보면 웬만큼은 확인이 가능하다. 3개월치만 결제 내용을 돌아보면 매월 내가 고정적으로 지출하는 내용, 과하다 싶은 소비 영역 등 지출 패턴 파악은 그다지 어렵지 않다.

무엇보다 중요한 것은 **가계부는 꾸준히 기록해야 한다는 점이다.** 간혹 과소비를 했을 때도, 숨기고 싶은 지출이 있어도 어차피 나만 보는 것이니 솔직하고 꾸준하게 기록하는 게 중요하다. 꾸준히 기록하는 힘이 길러졌다면 주기적으로 트래킹하는 것은 그 다음 단계다. 궁극적으로는 소비가 적절했는가, 목적에 맞게 사용되었는가를 점검하기 위함이다. 특히 신혼부부라면 한 달에 한 번은 '가계부 돌아보기' 시간을 가지면 좋겠다. 이와 관련해서는 뒷부분에 좀 더 자세히 다뤄보도록 하자.

조절하기 어려운 월간 고정비용 파악하기

가계부 사용이 조금 익숙해졌다면 매월 고정적으로 들어가는 비용을 파악해보자. 이때, 고정 비용이란 월소득, 수입의 변동과 관계없이 매달 고정적으로 지출되는 비용을 말한다. 가계부에서도 매달 동일하게 기록하는 항목들일 것이다. 돈 관리의 기본은 일단 선저축을 하고, 매월 반복되는 고정 비용을 잘 파악하는 것부터 시작이다. 일단 고정비용 중에서도 조절하기 어려운 영역을 먼저 체크해 보자.

(1) 주거 비용
부모님과 독립해서 살거나 결혼해서 가정을 이룬 상태라면 가장 큰 비중을 차지하는 것이 '주거 비용'이다. 월세 임대료 혹은 전세자금/주택담보 대출 이자를 체크하면 된다. 혹시 부모님과 함께 거주하는 경우에는 별도로 비용을 드리고 있다면 해당 항목으로 포함하면 된다. 비용을 조절하기 어려운 항목이지만 과한 임대료는 낮추고 대출 이자는 중소기업 종사자, 청년, 신혼부부 등을 위해 마련된 정책을 잘 활용하며 전세자금/주택담보 대출 갈아타기를 통해 최대한 줄여나가면 좋다.

(2) 신용 대출 이자

주거로 인한 대출 이외에 발생하는 신용, 마이너스통장 등 개인 대출 이자도 함께 기록하자. 신용을 담보로 하는 대출은 최소화하는 것이 좋다. 빌린 금액 대비 대출 이자가 별것 아니라고 느낄 수 있겠지만 1년으로 환산하면 꽤 큰 금액이 될 것이다. 꼭 필요하다면 개인 회사, 공제회 등 조금 더 저금리로 이용할 수 있는 상품도 고려해 보자.

(3) 보험

자동차, 운전자, 실비, 암 보장, 생명 보험 등 개인적으로 가입한 보험료도 월간 고정 비용에 포함된다. 대부분 자동이체되기 때문에 놓치고 있는 경우가 많을 수 있으니 꼭 체크해야 한다. 사실 보험은 '부정적인 미래'를 걱정하며 가입하는 경우가 많다. 게다가 한 번 가입했다가 해지하면 손실이 크기 때문에 과도한 비용은 절대 금물이다.

조절하기 어려운 월간 고정비용 예시

주거비용 신용대출이자 보험

월세 마이너스 통장 실비보험
전세대출이자 신용대출 암보험
주담대 이자 ⋮ 생명보험
⋮ ⋮

가변적인 월간 고정비용 파악하기

다음은 매월 고정비용이지만 약간 개인이 조절할 수 있는 영역들을 체크해 보자. 물론 생활에 필수적인 비용들이라 극단적으로 줄이기는 어렵지만 약간은 조절할 여지가 있는 여러 항목이 있다.

(1) 생활비

개인적으로는 관리비와 공과금을 포함하여 생필품, 인터넷 주문, 장보기 비용, 유류비 등을 모두 포함하여 생활비로 관리하고 있다. 매달 사용하는 필수 물품은 거의 비슷한 패턴으로 소비하기 때문에 식재료와 관련된 그나마 장보기 비용으로 조절하는 게 제일 좋다.

(2) 통신비/인터넷/OTT/렌탈/멤버십 비용

통신비/인터넷은 필수 비용이지만 최대한 금액대를 낮출수록 좋다. 그리고 OTT/렌탈 비용은 없을수록 좋다는 게 개인적인 생각이라 조금씩 다이어트를 해보면 좋을 항목이다. 멤버십은 실제로 과소비를 조장하지 않는 범위 내에서 가입비보다 활용도가 좋은지를 기준으로 유지 여부를 따져보면 좋다.

(3) 외식/배달비

모든 카테고리를 통틀어 매달 정해진 고정비용을 유지하기 위해 조절할 수 있는 항목이지만 끊기는 어려운 것이 외식/배달비다. 사실 밖에서 사먹어 버릇하기 시작하면 나가는 지출이 생각보다 커지기 때문에 집밥을 먹는 습관을 들여야 한다. 이미 배달 음식과 외식에 익숙해진 1인 가구 혹은 맞벌이 부부들은 꽤 큰 비용을 매달 쓸 수 있기에 어느 정도 상한선이 필요한 항목이다. 횟수 혹은 1회당 금액대를 정하여 확실한 통제가 필요하다. 무조건 아끼기 위해서가 아니라 본인의 목표에 맞는 계획적인 소비를 해야 한다는 의미로 받아들이면 좋을 듯하다.

(4) 개인 용돈

생활에 필수적인 비용을 제외하고 나머지는 용돈으로 지출한다. 나의 경우에는 친구와의 약속, 자잘한 쇼핑, 문화생활 등 개인이 사용하는 비용을 모두 포함한다. 참고로 어디까지 용돈을 쓸 수 있는지부터 명확히 정해야 한다. 특히 2인 이상의 가정이라면 민감한 부분이다. 교통비(유류비), 통신비, 점심 식대 등은 정하기 나름이기 때문이다. 다만 우리 부부는 용돈만큼은 각자 자유롭게 쓸 수 있는 개인 비용이라 생각하고 서로 간섭하지 않는 편이다.

참고로 신혼 초기에는 넉넉하게 개인 용돈을 산정해서 스스로 개인적인 저축도 하고, 투자도 해보면서 약간의 자율성을 갖기를 권한다. 작은 생활 습관부터 모든 게 다른 부부가 만나 처음부터 빡빡하게 맞춰가기는 쉽지 않기 때문이다. 특히나 돈 관리를 스스로 해왔다면 좀 더 수월하겠지만 그렇지 않은 경우라면 맞춰가는데 어려움이 있을 수 있으니 충분한 시간을 두면 좋을 것이다.

(5) 기타: 자녀, 반려동물, 자기계발비/취미/운동 등

그외에도 개인의 소비에 따라 고정 카테고리 비용을 설정하면 된다. 자녀가 있거나 애완동물 혹은 매달 꾸준히 지출하는 자기계발비/취미/운동이 있다면 카테고리를 설정하자. 어떤 가

가변적인 월간 고정비용 예시

생활비
생필품 구매,
공과금, 유류비
⋮

통신비/인터넷

OTT/렌탈

외식/배달비

펫 비용

자녀 비용

취미/운동 등등..

계부 어플이라도 카테고리는 마음대로 설정할 수 있으니 우리 집에 맞춰 입력하면 된다.

나의 경우에는 (1) -(3) 항목은 기록할 때는 구분하지만 예산을 잡을 때는 '생활비'로 합산하여 책정한다. 그 이유는 영역을 세분화하여 스트레스 받지 않고, 매달 유동적으로 조절하기 위함이다. 외식을 많이 한 달이면 장보기 비용을 최소화하고, 관리비가 많이 나온 날에는 외식/배달비를 자제하는 식으로 조절하면서 남편과 상의하면서 자유롭게 지출하는 편이다. 개인적으로는 카테고리마다 예산을 책정하는 것은 다소 답답하다는 느낌이 들기 때문이다.

무엇보다 중요한 것은 '정한 금액' 내에서 최대한 맞춰 쓰는 것이다. 우리는 결혼 후 약 4년간 정해둔 생활비용을 매달 유지하며 잘 사용하고 있다. 부족할 때는 개인 용돈에서 갹출하기도 하고, 월말에는 소정의 금액은 미리 당겨 쓰기도 한다. 하지

다양한 가계부 카테고리 예시

자료: 뱅샐가계부

만 목표로 정한 고정비용을 유지하기 위해서 나에게 중요하지 않은 소비는 조절하려고 노력하는 편이다.

예산을 세우고, 소비를 기록할 때 카테고리를 구분하는 기준은 절대적인 게 아니다. 혼자 거주하는 경우에 외식비와 용돈을 크게 구분할 필요는 없지만 2인 이상의 가구에서는 구분이 필요한 것처럼 말이다. 어렵다면 위의 기준을 그대로 적용해도 좋고, 차츰 본인의 기준을 세워나가면 된다. 참고로 생활비/개인 용돈은 얼마가 적당한가에 대한 정답은 없다. 개인의 라이프스타일과 가치관, 결혼 및 자녀 계획에 따라 적합한 수준을 찾아가길 바란다.

연간 지출비용을 파악해
상비금 운영하기

필수적인 연간 고정비용은 얼마일까?

처음 신혼기간 때는 월간 고정비용만 기록하고, 나머지는
모두 상비금으로 그때 그때 관리했다. 그러다 보니 특정 달에
지출이 몰리기도 하고 잠깐 잊어버린 지출이 발생하면 곤란한
일들이 생기곤 했다. 그래서 이후에는 예측 가능한 연간 고정
비용도 미리 파악해서 예산에 체크하기 시작하면서 연간 지출
관리가 좀 더 수월해졌다. 가계부를 꽤 쓰기 시작했다면 연간
단위로 지출되는 비용도 한 번 체크해 보자.

(1) 명절/ 가족 경조사

설/추석, 양가 부모님 생신, 어버이날 정도가 매년 반복되는 가족 경조사다. 그외에도 가족끼리 매년 여행을 간다거나, 조카 용돈 등 개인의 사정에 맞게 경조사 비용을 체크해 두면 좋다. 이 항목에 대해서도 적당한 금액이 얼마인지는 각자 의견이 분분할 것이다. 하나 확실한 건 올리긴 쉬워도 내리긴 어렵다는 점이다. 그래서 애매하다면 일단 비교적 낮은 금액으로 책정하고, 부족하다면 이후에 올리는 게 좋다.

개인적으로 나는 친정 부모님의 용돈은 언니네와 함께 경조사 통장을 개설해서 함께 운영하고 있다. 많지 않은 용돈을 봉투에 넣어 드리면 그냥 사라지는 듯하여 모든 경조사비를 한 통장에 함께 모아 건강검진을 예약해 드리거나 가전과 같은 고가의 물건을 선물한다. 여행에 사용하기도 한다. 매번 금액대에 억지로 맞춰서 선물을 준비하거나 하지 않아도 되는 덕분에 여러모로 편리하다.

참고로 부모님 칠순 용돈, 형제 자매 결혼식, 직계가족 돌잔치 등과 같은 가족 경조사는 긴 주기로 오지만 지인의 경조사와는 달리 꽤나 큰돈이 쓰이는 편이다. 그래서 연말에 다음해 예산을 산정할 때 미리 체크해서 넣어두면 이외의 다른 비용을 좀 더 조절하면서 준비할 수 있다.

(2) 각종 세금

세금을 내는 주기는 생각보다 빨리 돌아온다. 대표적으로 자동차세는 매년 6월과 12월이지만 1월에 한 번에 납부하면 약간의 할인을 받을 수 있다. 매년 8월은 세대주를 대상으로 1만 원 내외의 주민세를 내고, 주택을 소유하고 있는 경우에는 7월과 9월에 재산세를 나눠서 내게 되는데 세액 20만 원 이하는 7월에 한 번에 낸다. 또 일부는 종합부동산세(종부세) 대상일 수도 있다. 그뿐 아니라 직장 외 N잡러이거나 혹은 사업자가 있는 경우에는 훨씬 다양한 세금을 매월 챙겨야 하니 미리 체크해두면 지출 관리에 용이하다.

(3) 자동차 유지비 및 장거리 교통비

자차를 소유하고 있다면 최초의 취등록세뿐 아니라 타이어 및 엔진오일 교환과 차량 정기점검, 부품 교체 등이 정기적 혹은 비정기적으로 발생한다. 여기에 자동차 보험료도 매년 내야 하기 때문에 함께 체크하여 관리하면 편하다. 또 나의 경우에는 양가가 모두 지방에 있는 터라 매년 기차비로 꽤 큰돈을 쓰고 있다. 그래서 장거리 교통비도 함께 연간 고정비용으로 관리하는 편이다.

필수적인 연간 고정비용 예시

가족 경조사	각종 세금	자동차 유지비	이사 및 주택구입

명절	주민세	타이어 교체	복비
어린이날	자동차세	엔진오일 교환	이사비용
부모님 생신	재산세	정기점검	대출 보증료
…	…	…	…

(4) 이사 및 주택구입 등 주거 비용

역시나 정말 큰돈이 드는 부분이다. 이사를 할 땐 부동산 복비와 이사업체, 엘리베이터 사용 등 비용이 많이 필요하다. 매년 발생하는 비용은 아니지만 당해연도에 예정되어 있다면 어느 정도 예산은 미리 빼둘 수 있는 부분이니 준비하면 좋다.

선택적인 연간 고정비용 파악하기

가족 경조사, 각종 세금 및 자동차 유지비와 별개로 매년 비용이 발생하지만 선택적으로 줄일 수도, 늘릴 수도 있는 부분을 따로 정리해 봤다. 각 영역별로 연간 예산을 짜놓으면 과도한 소비는 줄이면서도 나름대로 삶의 질을 높이는 데 사용할 수 있기 때문이다.

⑴ 휴가/여행/보상

여행 비용도 미리 정해두면 좋다. 과한 지출을 막을 뿐 아니라 돈을 즐겁게 절약할 수 있는 계기가 될 수 있기 때문이다. 만약 다 사용하지 않았을 때는 보상으로 사고 싶었던 물건을 사거나 보너스 같은 용돈으로 생각해도 좋을 것이다.

⑵ **연간 회원권**

운동, 미용실 등 꾸준히 수강하거나 소비하고 있는 품목이 있을 땐 연간 고정비용으로 분류하면 관리하기 쉽다. 과한 장기권은 권장하지 않지만 꾸준히 잘 이용하고 있는 것들이라면 단기보다는 장기가 더 저렴하기 때문이다. 단, 처음으로 운동을 시작하는데 일단 1년권을 끊고 보는 식의 소비는 좋지 않다. 일단 단기로 시작해 보고, 충분히 유지할 수 있다면 장기로 결제하면 좋겠다.

⑶ **계절별/분기별 쇼핑**

가장 애매한 부분이 쇼핑이다. 특별한 제외하고는 옷은 절별로 분기별로 예산을 정해두고 그 안에서 사용하는 편이다. 낮은 가격대의 자잘한 쇼핑은 월간 생활비에서 해결하지만 계절별 옷, 신발 등은 웬만하면 이 비용에서 지출하려고 한다. 그 외 소형 가전, IT 기기 등 연간 예산을 책정하는 것도 방법이다.

(4) 자기계발/도서구입비

30대가 되면서 보다 더 신경 쓰고 있는 비용 중 하나다. 개인적으로 20대에는 '돈'과 '경험'을 우선적으로 생각했다. 그러다 마음먹고 결제했던 투자 수업이 굉장히 인상적이었던 것이 계기가 되어 최근에는 블로그 운영을 위한 도서나 재테크 클래스 등 '배움'의 영역에도 아까워하기 보다는 적정 수준의 소비를 하려고 노력하는 중이다.

사실 결혼 후 처음엔 어디에 돈을 써야 할지 감이 잘 오지 않았다. 예상치 못한 비용도 꽤 많았다. 하지만 지출을 잘 기록해 두니 2년 정도가 지난 후에는 연간 고정비용도 미리 계획할 수 있게 되었다. 그래서 매년 연말에 다음 해의 연간 고정비용 월별 항목을 체크해 둔다. 연말에 다 확인할 수 없는 부분들은 그때 그때 체크해서 입력해두고, 관리하는 편이다.

선택적인 연간 고정비용 예시

휴가/여행	연간 회원권	쇼핑	자기계발
여행 호캉스 …	미용실 운동 …	계절별 옷 소형가전 IT기기 …	도서구입 수업료 …

연간 고정비용 리스트

no	4월 항목	예산	no	5월 항목	예산	no	6월 항목	예산
1	부모님 생신	200,000	1	어버이날	600,000	1	헬스 회원권	800,000
2	자동차 보험료	600,000	2			2	○○○ 축의금	200,000

no	7월 항목	예산	no	8월 항목	예산	no	9월 항목	예산
1	재산세1분기	200,000	1	여름휴가	1,000,000	1	추석 명절	600,000
2	여름 옷쇼핑	300,000	2			2	재산세2분기	200,000

사실 어쩔 수 없이 발생하는 연간 고정비용도 굉장히 많다. 하지만 미리 예상하고 준비할 수 있는 영역도 의외로 많다. 자신만의 연간 고정비용 체크리스트도 한 번 짜보자.

예측할 수 없는 불규칙적인 비용은 상비금으로 운영하기

안 쓸 수도 없는데, 미리 알 수도 없는 카테고리도 꽤 많다. 갑자기 사고를 당할 수도 있고, 특히 축의금이나 조의금 등 지인의 경조사는 보통 한두 달 전 또는 당일에 알게 되기도 한다. 하지만 그렇다고 혹시나 해서 다양한 카테고리의 비용을 각각 미리 모아두진 않는다. 상비금 통장 하나만 별도로 운영하는 편이다. 나의 경우에는 고정적인 월급 외 수당, 인센티브와 같은 금액을 상비금 통장에 넣어서 사용하고 있다.

(1) 축의금/조의금

연간 고정비용에 넣기에는 다소 변수가 많은 항목이다. 가족, 지인 결혼식 축의금 및 장례식 조의금은 상비금에서 사용하는 편이다. 적당한 금액이 어느 정도인지 사회초년생들에게 가장 어려운 대목이다. 최근에는 고물가가 되면서 참석한다면 '최소' 10만 원이 통상적이라 생각하면 쉽다. 이후 친분에 따라 20-30만 원 정도가 일반적인 수준이라 생각된다.

(2) 건강

역시나 예상이 힘들다. 보통 자잘한 1만 원 내외의 병원, 약국 비용 정도는 생활비 혹은 개인 용돈에서 해결하는 편이다. 하지만 금액대가 몇만 원 수준으로 올라간다면 상비금에서 지출한다. 이전에는 몇만 원 수준 정도를 생활비 내에서 해결했는데 아프거나 건강을 위해 쓰는 비용임에도 괜히 월말이 되어 생활비가 부족해지면 아까운 생각이 들었다. 그러나 건강만큼 중요한 건 없다. 지금은 아예 상비금으로 빼서 부담 없이 사용하도록 하자.

예측할 수 없는 다양한 불규칙 비용 예시

축의금/조의금	건강	그 외 다수
결혼식 장례식 ...	병원 약국 영양제 ...	갑작스런 사고 휴대폰 도난 ...

(3) 그 외 다수

사실 생각나는 비용이 이 정도인 것이지, 이들 말고도 불규칙적으로 쓰이는 목돈은 꽤 많다. 갑작스러운 교통사고로 수리비가 발생할 수도 있고, 휴대폰을 잃어버릴 수도 있다. 그래서 일단 모자라면 곤란한 상황이 생길 수 있기에 약간 넉넉한 상비금을 책정해 두고, 연말쯤 남은 금액은 저축이나 대출을 상환하는 데 사용했다.

무쓸모 비용 줄이기

10년째 가계부를 운영해 보니 줄일 수 있는 비용과 줄일 수 없는 비용이 명확히 구분된다. 오히려 '줄일 수 있는' 비용의 영역들을 자세히 보면 불필요하게 시간을 쓰게 만들거나 더 큰 소비를 조장하는 것들이 많았다. 그래서 어느 정도 소비패턴이 자리 잡히고, 지출 관리가 익숙해졌다면 당연하게 쓰던 비용을 한 번씩 점검하며 다시 들여다 보자. 특히 매월 고정적으로 사용되는 비용부터 점검 후 줄여나가면 체감하기가 쉽다.

은근히 과소비를 부추기는 OTT/ 구독비용 다이어트

최근에는 유튜브를 비롯해 다양한 OTT 및 구독 멤버십 상품들이 많아졌다. 개인적으로는 줄이면 줄일수록 좋은 비용이라고 생각한다. 습관적인 TV 시청은 딱히 좋은 습관도 아닐 뿐더러 실제로 잘 보지도 않는데 매달 자동이체로 빠지다 보니 지출을 체감하지 못하기 쉽기 때문이다.

일단 내가 가입한 OTT가 무엇인지 점검한 이후 꼭 필요한 OTT를 선별하자. 가격 대비 최대한 양질의 영상을 볼 수 있는 플랫폼을 선택하면 된다. 나의 경우에는 언니와 유튜브 프리미엄을 셰어 중인데 웬만한 영상들은 모두 하이라이트로 보는 편이라 다른 OTT는 사용하지 않는다. 특정 OTT에서만 꼭 정주행하고 싶은 프로그램들이 있을 때는 한 달만 구독해서 몰아보거나 여행지 호텔에서 저녁에 쉬면서 보고 싶었던 영화를 한두 편씩 보기도 한다.

여가생활을 위해 꼭 필요한 OTT를 구독한다면 최대한 할인 받을 수 있는 혜택도 함께 고려하는 것도 방법이다. 예를 들어 SKT 이용자는 요금제에 따라 웨이브(Wavve)를 무료 혹은 할인 받을 수 있다. 또 우주패스 구독으로 할인을 받을 수 있다. 특히 OTT는 지인 혹은 가족과 공유해서 1/N로 결제해도 좋다. 최근에는 '피클플러스'와 같은 OTT셰어 플랫폼도 다양해서 함께 활용하면 비용을 줄일 수 있다.

또 최근에는 유료 구독 및 멤버십도 봇물 터지듯이 새롭게 나오고 있다. 구독 비용을 바로 포인트로 적립하는 형태라 딱히 손해 볼 것 없는 멤버십도 있지만 꽤 큰 비용을 매달 지불해야 하는 경우도 있다. 정말로 내가 유용하게 사용하는 플랫폼인지, 괜히 좀 더 지출하게 되는 것은 아닌지도 다시 한번 점검해 보도록 하자.

보험 리모델링도 한 번씩!

누군가는 너무 부족할 수도, 또 다른 누군가는 넘칠 수도 있는 부분이 보험이다. 역시나 정답은 없다. 개인의 라이프스타일, 가족력, 소득 등을 종합적으로 고려해야 한다. 보험은 한 번 가입한 후 해지하게 되면 무조건 손해다. 물론 장기적인 손해를 생각하면 과감하게 해지하는 것도 방법이지만 웬만하면 그대로 가져가는 게 좋다. 때문에 가입 전 꼼꼼하게 체크해야 한다. 먼저 내가 가입한 보험을 모두 모아서 비교해 보자. '내보험찾아줌' 사이트를 이용하면 모두 확인할 수 있다.

먼저 보험의 기본인 '실손 의료 보험'부터 점검해 보자. 줄여서 실비라고도 하는데 질병 혹은 상해로 치료 시에 보상받는 것을 말한다. 어릴 때 부모님께서 들어놓은 2세대, 3세대 실비

'내보험찾아줌' 사이트

자료: 내보험찾아줌

보험이 있다면 유지하는 것을 권한다. 갱신 주기가 2-3년으로 긴 데다가 자기부담금도 적은 편이기 때문이다. 만약 없다면 최근에는 '착한 실비'라고 하여 월 1-2만 원대로 비급여 등은 제외한 최소한의 항목들을 보장해주는 상품도 있으니 고려해도 좋다. 병원은 거의 가지 않는데 매월 나가는 실비 보험이 부담스러운 편이라면 착한 실비로 갈아타는 것도 방법이다.

세대별 실비보험

구분	1세대	2세대	3세대	4세대
판매 시기	2009년 이전	2009년 10월 ~2017년 3월	2017년 4월 ~2021년 6월	2021년 7월~
상품 특징	자기부담금 없음	자기부담금 도입	도수치료 비급여주사 MRI 특약 분리	비급여 진료량에 따른 보험료 할증
자기부담금	0%	10~20%	20~30%	20~30%

자료: 뱅크샐러드

다음이 여러 암, 수술 등 각종 '보장' 상품이다. 보통 필수 항목이라고 부르는 것들이 기본암, 특수암, 뇌혈관 진단비다. 이외에 여러 진단비, 수술비, 특약 등을 보장해주는 상품으로 분류된다. 앞서 말한 것처럼 기본적으로 보험은 혹시 모를 부정적인 미래를 '대비'하는 것이다. 나는 미래에 대한 부정적인 가정에 과도한 비용을 지출할 필요는 없다고 생각한다.

그리고 이미 가입된 보험을 리모델링할 때는 불필요한 특약을 확인하는 것이 좋다. 특약은 기본 보장 외에 가입할 때에 비용을 추가로 지불하고 보장받는 것을 의미한다. 해지가 불가능한 항목들도 있지만 가능한 것들도 생각보다 많아 점검해 보면 좋다. 가장 대표적으로 '7일 이상 입원비'와 같은 입원일당 특약이 있다. 실제로 암 수술을 받아도 3일 이내로 퇴원하는 경우가 많기 때문에 생각보다 혜택을 보기 힘들기 때문이다. 그래서 본인이 가입되어 있는 보험을 확인하고, 불필요한 특약은 다이어트를 하는 것을 권한다.

참고로 보험 가입에 보수적인 편이라면 '건강 통장'을 운영하는 것도 방법이다. 결국 보험은 사용하지 않는다면 돌려받지 못하는 경우도 많기 때문이다. 그래서 보험에 가입하는 대신, 매월 일정한 금액을 모아서 혹시 모를 나의 미래를 스스로 대비하는 것도 좋은 방법이다. 만약 사용하지 않게 된다면 다른 용도로 얼마든지 쓸 수 있으니 아깝다는 생각을 하지 않아도 된다.

마지막으로 모든 보험을 모두 찾아본 뒤 중복되거나 과한 보장이 된 것도 함께 점검하면서 부족한 항목은 채워넣자. 어떤 방법이라도 좋으니 30대쯤엔 한 번쯤 노후 건강과 관련해 가족력도 알아보고, 현재 준비 상태 등을 확인해 보자. 필수적인 보험이라면 한 살이라도 어릴 때가 더 저렴한 법이고, 대부분 보험은 새롭게 나오는 상품보다 기존의 상품이 더 나은 법이다.

통신비도 똑똑하게

스마트폰을 바꿀 때, 기본 2년 약정 계약을 맺으면서 6개월 정도 비싼 요금제를 의무적으로 사용하는 게 보통이다. 무제한 요금제 중에서도 가격대가 높은 것을 쓰면서 귀찮다는 이유로 바꾸지 않는 경우도 많을 것이다. 최근에는 무제한 요금제도 가격대가 다양해졌으므로 꼭 한 번쯤 점검이 필요하다. 또 유용할 것 같아서 혜택이 많이 포함된 높은 요금제를 택했지만 사용하지 않고 있는 것은 아닌지도 확인해야 한다. 특히 매월 고정적으로 발생하는 비용인 만큼 귀찮아도 한 번 줄여두면 신경 쓰지 않고 아낄 수 있는 비용이기도 하다.

만약 약정 2년이 지났다면 '선택 약정 할인 제도'를 활용해서 1년 단위로 재약정을 할 수 있다. 요금제의 25% 할인을 받을 수 있고, 중간에 피치 못할 사정으로 해지한다고 해도 내가 할인 받은 금액의 일부만 반환하면 되기에 손해 볼 것이 없다는 장점이 있다.

메인 통신사 3사의 경우에는 가족 결합 할인이 유용하다. 나의 경우에는 5명의 가족이 다 합쳐서 30년 이상 SKT를 사용해서 30%의 요금 할인을 받고 있다. 멤버십 혜택도 쏠쏠하게 잘 쓸 뿐 아니라 신용카드 실적으로 최종 요금의 1만 6,000원을 추가로 할인 받는다. 또 2년이 지나 선택약정 25% 할인을 받으면 1-2만 원대 수준으로 5G 요금제를 이용하고 있다.

그리고 최근에는 알뜰폰 요금제가 40여 개 이상으로 정말 다양해졌다. 데이터 사용량이 적든 많든 굉장한 가성비로 휴대폰을 사용할 수 있다. 처음부터 자급제 핸드폰을 구매하거나 2년 이후 알뜰폰 요금제로 바꾸는 것도 방법이다. 최근에는 여러 비교 사이트에서도 쉽게 조건을 체크하여 가격대를 비교해 볼 수 있으니 참고하자.

인터넷 요금제는 보통 짧게는 1년, 길게는 3년 단위로 약정을 하게 되는데 약정이 끝나도 보통 그냥 사용하는 경우가 많다. 이때, 고객센터를 통해 1년 단위로 재약정을 하게 되면 꽤 쏠쏠한 상품권 혜택과 함께 요금 할인도 받을 수 있다. 번거롭긴 해도 1년에 한 번만 챙기면 쏠쏠한 부수입을 챙길 수 있어서 활용하는 편이다. 기존에 사용하고 있는 통신사의 혜택이 만족스럽지 못하다면 인터넷 통신사를 갈아타기 하는 것도 방법이다. 보통 재약정보다 신규 가입이 더 혜택이 큰 편이기 때문이다.

언제나 어렵지만 적정선이 필요한 쇼핑

쇼핑은 옷뿐 아니라 생활용품, IT 기기 등 항목이 꽤 다양하다. 무쓸모와 쓸모를 구분하는 것은 오롯이 본인의 몫이다. 확실히 필요해서 사는 물건과 그냥 나의 만족을 위해 사는 소비를 구분해야 한다. 특히 요즘은 블로그, 유튜브, 인스타그램 등에서 콘텐츠를 보다 보면 자연스럽게 광고를 보면서 쇼핑의 유혹에 빠지기 쉽다. 그래서 개인적으로 불필요한 쇼핑을 줄이기 위해서는 1주일 정도의 기간을 두고 물건을 구매하는 습관을 들였다. 또는 연간 쇼핑 금액을 설정해 두고, 그 금액 내에서 최대한의 만족을 찾는 것도 방법이다.

결국 계속해서 나에게 정말 필요한 소비였는지, 원하는 소비였는지를 점검하는 것이 필요하다. 즉, '가치소비'를 지향해야 한다는 뜻이다. 어차피 우리가 가진 한정된 돈으로는 욕심을 모두 채울 수 없다. 그럼 같은 돈은 지불해서 더 큰 만족도를 줄 수 있는 소비를 해야 한다. 나는 실제로 잘 사용하지 않는 물건들은 되팔면서 나의 소비를 돌아보는 습관을 돌아보곤

한다. 최근 2-3년 사용하지 않는 물건은 필요하지도 않을뿐더러 좋아하지도 않는다는 뜻이다. 나눔을 하거나 중고거래를 하면서 나다운 소비를 찾아가는 중이다.

그 외 나만의 무쓸모 비용 최소화하기

가계부를 쓰고 점검하다 보면 자신만의 '무쓸모' 비용이 눈에 들어온다. 그걸 일찍 깨달을수록 의미 없는 소비를 줄이고, 정말 내가 원하는 데에 돈을 쓸 수 있다.

줄일수록 좋다고 생각하는 비용을 조금 나열해보자면 먼저 '배달비'가 있다. 최근에는 인건비가 많이 오르면서 배달비도 굉장히 비싸졌다. 나의 경우에는 특수한 상황이 아니라면 배달은 거의 하지 않고, 건강도 챙길 겸 걸어서 픽업을 하는 편이다. 종종 사러 가기 귀찮을 때는 오히려 그냥 집에 있는 재료들로 해 먹으려고 한다. 배달에 습관을 들이지 않는 것이 좋다.

두 번째는 직장인의 필수품, 커피다. 늘 피곤한 직장인에게 커피만 한 기호식품도 없고, 개인적으로도 좋아해서 고민이 많은 항목이다. 그래서 무조건 줄이기는 힘든 비용이기도 하다. 습관적으로 커피를 마시는 편이라면 저가 프랜차이즈 혹은 커피 구독권, 편의점, 머신 커피 등으로 비용을 줄이는 방법을 고려할 수 있다. 각자의 선호를 고려해야 하겠지만, 가루형태의 스틱 커피를 마신다면 확실히 비용을 낮출 수도 있다. 만약 예쁜 카페를 가는 것을 즐기는 편이라면 목적이 분명할 때 이용을 하면 좋을 듯하다. 친구와의 대화, 독서, 자기계발 등을 하며 커피와 공간을 즐긴다면 아까운 비용은 아닐 것이다. 또는 어느 정도 횟수를 스스로 정해두지 않고, 습관적으로 커피와 디저트까지 생각보다 많은 비용을 지출하게 될 수 있기에 주의가 필요할 듯하다.

마지막으로 무의미한 술값도 경계해야 할 대상이다. 무의식적으로 매일 마시는 맥주 또는 모든 술자리에 참석해야 한다는 의무감은 여러모로 버리는 게 좋다. 건강과 시간뿐 아니라 경제적으로도 절대 좋을 건 없다. 물론 가끔 갖는 친구들과의 술자리 혹은 자신만의 취미로 즐기면서 스스로 정한 적정선만 잘 지킨다면 좋겠지만 술자리에 무의미하게 지출하는 것은 다시 돌아볼 필요가 있다.

스마트컨슈머 되기

불필요한 비용은 최소로 줄이면서 어차피 나가야 할 비용은 최대한 합리적으로 소비하는 사람을 '스마트컨슈머'라고 한다. 신용카드와 체크카드 그리고 지역화폐 등 다양한 지불수단 중 나의 소비 패턴에 가장 적합한 것을 골라 사용하고, 과소비를 조장하지 않는 범위 내에서 최대한 혜택을 받으려고 한다.

특히 매달 고정적으로 들어가는 비용은 조금 번거로워도 가장 가성비 좋은 루트를 찾아두고, 교통비 정책과 공과금 할인제도도 적극적으로 이용하는 편이다. 그냥 갖고 있는 주거래 은행의 체크카드로 무지성 결제를 하는 것보다 **여러 혜택을 이용해서 결제하면 세이브 할 수 있는 금액이 10% 이상으로** 생각보다 상당하기 때문이다. 매달 모이면 결코 적은 금액이 아닐 것이다.

지역화폐로 5-10% 할인 받고, 온누리 상품권까지

코로나19 이후로 '지역화폐'가 굉장히 대중화됐다. 최근에는 약간 혜택이 줄어들고 있지만 보통 5-10% 수준은 고정적으로 할인을 받을 수 있다. 체크카드로는 이 정도 할인율을 기대하기 어렵다. 신용카드도 5% 할인만 되면 꽤 쓸 만하다고 평가한다. 그러니 지역화폐의 5-10% 할인율은 쏠쏠한 편이다. 게다가 지역페이 소득공제율도 체크카드와 동일한 30%로 높다. 서울사랑상품권, 경기페이, 인천e음카드 등 지역마다 이름은 약

서울사랑상품권, 인천사랑상품권

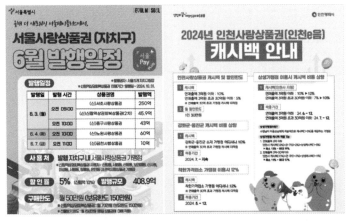

자료: 서울특별시, 인천광역시

간씩 다르지만 미용실, 편의점, 카페, 음식점, 동네 마트 등 일상적으로 돈을 쓰는 곳에서 대부분 사용할 수 있다. 특히 일부 주유소도 가능한 곳들도 있어서 우리집 생활비를 아껴줄 수 있는 1등 공신이기도 하다.

또한 주변에 전통시장이 있다면 온누리상품권을 활용하는 것도 좋다. 평상시에는 기본 10%, 명절에는 15%까지 할인율이 적용되기 때문이다. 게다가 '카드형 충전식 온누리상품권'은 내가 갖고 있던 카드에 어플을 통해 온누리상품권을 충전하여 사용할 수 있어 편리하다. 카드 실적에도 포함될 뿐 아니라 할인과 소득공제 혜택까지 함께 다 누릴 수도 있다. 사실 사용처도 전통시장에만 국한되는 게 아니라 골목 상권, 온라인몰로도 점점 넓어지고 있으니 참고하면 좋을 듯하다.

슬기로운 카드생활: 신용/체크카드

이후에 소득공제와 관련하여 좀 더 자세하게 다루겠지만 기본적으로 연회비가 있는 신용카드가 체크카드에 비해 혜택이 더 좋은 편이다. 신용점수에도 도움이 되기 때문에 지역페이 다음으로는 신용카드를 주로 사용한다. 다만 **소비 습관을 어느 정도 잡아 놓고 나서 사용하길 권한다.** 무이자라고 해도 할부를 자주 사용하거나 분할납부 방식인 리볼빙을 사용하지 않고, 매월 비슷한 금액을 결제하고 있다면 혜택이 좀 더 쏠쏠한 신용 카드를 사용하는 것도 괜찮다.

나의 경우에는 실적이 필요한 혜택카드 한 장과 무실적으로 일부를 적립/할인해주는 서브카드 한 장을 활용하는 편이다. 보통 30만 원 이상이 최저 기준인 셈인데 매달 사용하는 금액이 비슷하다 보니 실적을 맞추기는 어렵지 않다. 초과되는 금액이나 종종 큰 금액대의 물건을 사야 할 때는 무실적 카드를 활용하는 식이다.

카드 자체 혜택뿐 아니라 카드사 어플에서 매달 오픈되는 이벤트나 할인쿠폰, 혜택 등도 함께 활용하면 좋다. BC 페이북 마이태그, 롯데 TOUCH 등 카드사 어플에서 직접 선택해야 하는 것들도 있고, 카드사 이벤트를 통해 적용 받을 수 있는 것도 있다. 어차피 많은 사람들은 1-3개 사이의 카드사를 사용하기 때문에 함께 활용하면 2배로 쏠쏠한 혜택을 누릴 수 있다.

최대 할인율을 적용 받기 위해 실적이 있는 카드는 딱 맞춰서 매달 사용한다. 그래서 카드를 고를 때는 '전월 실적 기준'을 면밀하게 봐야 한다. 최근에 출시된 카드들은 세금, 공과금, 아파트관리비, 상품권 등은 기본적으로 제외되는 경우가 많아서 기존에 갖고 있는 카드들도 점검해보면 좋다. 개인적으로는 과소비를 막기 위해 혜택 받은 내역도 실적에 포함되는 카드를 선호하는 편이다. 또 '할인 및 적립 기준'도 꼼꼼히 봐야 한다.

월간 고정비용 예산 계획해보기

신용카드	결제일
현대카드	12일
씨티카드	12일, 13일
하나카드	13일
삼성카드	13일, 14일
KB국민, 롯데, 신한, 우리 NK, 농협	14일

자료: 각 카드사 홈페이지

예를 들면, '1만 원 이상 결제 시 50% 할인'이라고 해도 정작 할인 한도가 2,000원인 함정이 숨겨진 경우도 많기 때문이다.

과소비를 조장하지 않는 범위 내에서 본인의 소비 습관과 잘 맞는 카드를 찾아도 좋다. 이때, 카드결제일(납부일)을 무심코 1일이나 월급일로 설정하는 경우가 있는데 아무 생각 없이 설정하면 전월 실적을 충족하기 어려워질 수도 있다. 보통 카드사별로 12-14일 사이로 정해 두면 매달 1일부터 말일까지를 전월 실적에 넣을 수 있다.

여기에 '카테크'라고 부르는 신용카드 재테크도 활용하면 좋다. 보통 최근 6개월간 해당 카드사를 이용하지 않았을 경우, 특정 카드를 최초 발급하게 되면 5-15만 원 상당의 캐시백 혜택을 주는 것을 말한다. 카드고릴라, 네이버페이, 카카오페이, 토스페이, 페이코 등에서 인기 있는 카드 순위도 비교해 볼 수 있고, 카테크 발급 혜택까지 챙길 수 있다. 그래서 보통 신규로 발급해야 할 때는 꼭 체크해서 10만 원 내외의 캐시백을 받는 편이고, 6개월 이후 사용 빈도에 따라 해지를 하기도 한다.

참고로 최근에는 해외여행에 특화된 체크카드, 신용카드가 많이 나오고 있다. 환율 100% 적용과 해외 사용 및 해외 ATM 출금 수수료까지 무료인 경우도 많고, 여기에 캐시백 혜택 및 공항 라운지 혜택까지 들어있는 경우도 많다. 예전과 달리 해외에서 이용하는 금액도 수수료 부담이 거의 없어진 셈이다. 다만 해외여행 카드는 보통 휴가기간에만 사용하는 편이라 하나 트래블로그, 우리 트래블카드, 트래블월렛 등 연회비 및 전월 실적이 없는 체크카드만 해도 혜택이 쏠쏠한 편이다.

고정적인 지출은 최저가 루트 찾아두기

개인적으로는 매달 고정적으로 구매하는 물품들이나 가격대가 높은 물건은 조금 더 시간을 들여서 최저가 루트를 찾아보는 편이다. 같은 물건이라도 사이트마다 판매되는 가격이 제각각이기 때문이다. 여기에 자체적인 이벤트나 할인쿠폰 등이 적용되면 가격차이는 더욱 커진다. 또 네이버에 검색하여 쇼핑 경유를 거치면 직접 방문하는 것보다 더 저렴한 경우도 많다. 물론 종종 자체 쿠폰 혜택 등은 앱으로 직접 접속해야 하는 경우도 있지만 기본적으로 가격대를 비교하기에 네이버 쇼핑만

한 게 없지 싶다. 특히 매달 정기적으로 구입하는 물건이라면 한 번 최저가 루트를 찾아놓으면 두고 두고 편리하다.

또 쿠팡, 컬리, 네이버쇼핑, 신세계 유니버스클럽, CJ 더마켓 등 멤버십을 활용해서 괜찮다 싶은 사이트에서 꾸준히 이용하고, 할인쿠폰 등을 적용 받는 것도 방법이 된다.

단, 매번 100원이라도 저렴한 물건을 사기 위해 많은 시간을 쏟는 것은 지양하길 바란다. 나 역시 처음에는 할인 받는 재미가 나름 커서 열심히 알아보곤 했다. 그러다 보면 1시간이 훌쩍 지나고, 더 저렴한 게 있지 않을까 계속 찾아보면서 애꿎은 시간을 허비하기도 했다. 금액대가 아주 높은 물건을 사려는 게 아니라면 '적당한' 시간을 합리적으로 사용해야 한다.

교통비 정책 똑똑하게 활용하기

아마 직장인이라면 한 달 평균 7-8만 원 수준의 대중교통비를 필수적으로 지불하고 있을 것이다. 최근에는 이와 관련한 여러 정책들이 새롭게 업데이트 되고 있는데 가장 대표적인 것이 알뜰교통카드에서 리뉴얼된 'K패스'다. 수도권을 포함한 전국 대부분 지자체에서 적용하고 있으며, 매월 최소 15번 이상 대중교통을 이용한다면 최소 20%를 적립받을 수 있다. 게다가 청년은 30%, 저소득층은 53%까지 가능하며 적립금은 다시 대중교통을 타는데 이용할 수 있다.

특히 The 경기패스, 인천 I패스처럼 일부 지자체에서는 K패스에서 좀 더 업그레이드하여 청년 나이, 최대 상한선 등 자체적인 기준을 적용하기도 한다. 최근에는 부산 동백패스, 광주 G패스 등 점점 확대되는 지역이 많이 생기고 있으니 찾아보면 좋을 듯하다.

지역별 교통 패스

지역	K패스	The 경기패스	인천I패스
지역	전국	경기도	인천
지원기준	월 15회 이상 대중교통 이용 후 사후 환급		
지원대상	일반 20%, 청년 30%, 저소득 53% 환급		
(청년기준)	19-34세	19-39세	
지원상한	월 최대 60회	무제한	
이용수단	전철, 시내버스, 마을버스, 농어촌버스 (신분당선, 광역버스, GTX 등)		

자료: 찐주부J의 생활금융 블로그

게다가 K패스는 총 27개의 신용/체크카드 중 선택할 수 있다. 카드마다 실적을 채우면 받으면 추가적으로 받을 수 있는 혜택들도 다르다. 기본적으로 대부분 추가 교통 할인이 적용되고 그 외에도 다양한데 본인의 소비 패턴에 적합한 카드가 있다면 혜택이 훨씬 더 커질 것이다. 역시나 비교하여 과소비를 조장하지 않는 범위 내에서 적합한 카드를 고르자. 만약 혜택이 애매하다면 연회비가 없거나 저렴한 카드를 골라 K패스 혜택만 받는 것도 좋다.

참고로 서울시에서는 서울에는 자체적으로 '기후동행카드'라고 무제한으로 이용할 수 있는 대중교통카드가 있다. 30일권 기준으로 6만 2,000원인데 만 39세까지의 청년은 5만 5,000원으로 할인받을 수 있다. 3,000원만 더하면 따릉이도 이용할 수 있는 옵션을 선택할 수도 있다. 게다가 1일권부터 7일권까지 단기권도 있어서 서울을 방문하는 여행객들에게도 꽤 괜찮은 선택지가 될 듯하다.

친환경 활동으로 모으는 탄소중립포인트

일반 시민들이 여러 친환경 활동을 하면 이용실적에 따라 인센티브를 적용 받을 수 있는 '탄소중립 포인트 녹색생활 실천'제도가 있다. 연간 1인당 최대 7만 원까지 지원되는데 계좌를 통해 현금으로 입금 받을 수 있어서 실제로 나 역시 매월 소소한 금액을 받고 있다. 가장 대표적으로 전자영수증은 1회당 100원이 적립되는데 스타벅스나 폴바셋 등 카페뿐 아니라 CU, GS25, 세븐일레븐 편의점 및 여러 주유소, 백화점, 은행 등에서 이용할 수 있다.

또한 텀블러 300원 적립도 많이들 활용하는 항목 중 하나다. 대표적으로 스타벅스, 폴바셋, 메가커피, 더벤티, 파리바게

뜨(APP) 등이 있다. 만약 스타벅스 사이렌오더로 주문하게 되면 텀블러 주문 시 자체적으로 적용되는 400원 할인(혹은 에코별)과 더불어 탄소중립포인트 400원도 추가적으로 돌려받는 셈이다. 그외에도 자원순환보증금관리센터를 통한 일회용컵 1회당 200원, 이마트 및 한살림, 그린카드를 통한 친환경 제품 구매 1회당 1,000원, 리필스테이션, 배달 다회용기, 무공해차, 고품질 재활용품, 폐휴대폰 등을 통해 적립을 받을 수 있다. 민간 참여 기업은 시기에 따라 변경될 수 있지만 의미도 좋고, 쏠쏠한 환급도 챙길 수 있는 제도다. 특히 최초에 '실천다짐금'이라고 해서 1회부터 10회 이상 참여를 하면 최대 5,000원까지도 쉽게 받을 수 있고, 언제든 가입할 수 있으니 참고하자.

전기, 수도, 도시가스 및
자동차 주행거리 감축으로 적립 받는 탄소포인트

'탄소중립포인트 자동차' 제도는 승용, 승합 자동차의 주행거리를 감축하여 온실가스를 줄일 경우 최소 2만 원에서 최대 10만 원까지 인센티브를 받을 수 있는 제도를 말한다. 이때, 법인 및 단체 소유, 친환경 및 서울시에 등록된 차량은 제외된다. 매년 2-3월경, 지역별로 선착순으로 신청을 하고, 최초 주행거리 계기판 사진을 제출하면 된다. 이후 10월 말에 계기판 사진을 통해 최종 주행거리를 제출하면 12월에 인센티브를 지급받을 수 있다. 기준 주행거리보다 1km라도 줄이면 최소 2만 원은 받을 수 있으니 일단 신청해두면 좋다.

그리고 전기, 상수도, 도시가스 사용량을 절감하고 감축률에 따라 포인트를 받는 '탄소중립포인트 에너지' 제도도 있다. 과거 1-2년간 월별 평균사용량과 현재 사용량을 비교하는데 개인은 물론 상업(법인)기관도 포함된다. 감축률 최소 5% 이상부터 15% 이상 구간에 따라 750포인트부터 8,000포인트를 매년 두 번에 걸쳐 받을 수 있다. 또한 두 번 연속으로 5% 이상 감축하여 인센티브를 받은 참여자가 이어서 5% 미만의 감축률을 유지할 경우 추가로 포인트를 받게 된다. 1탄소포인트당 최대 2원으로 교환되며, 현금, 상품권 등으로 교환할 수 있다.

참고로 탄소중립포인트 자동차, 에너지 제도가 적용되지 않는 서울시는 개별적으로 '에코마일리지(건물)(승용차)' 제도를 운영하고 있다. 역시나 전기, 수도, 도시가스를 절약한 정도에 따라 1-6만 마일리지를, 자동차 주행거리를 감축한 정도에 따라 최대 8만 마일리지를 적립 받게 된다. 또한 매년 12월에서 3월까지는 미세먼지 계절관리제 기간으로 추가 마일리지도 각각 1만 마일리지씩 받을 수 있다. 적립한 마일리지는 현금 전환 또는 ETAX 포인트로 전환하여 지방세 납부에 활용할 수 있으니 참고하자.

chapter 6

주기적인 지출 점검으로
다지는 나만의 가치소비

가계지출 주기적으로 점검하며 함께 논의하기

처음 결혼을 하고 6개월쯤 지났을 때, 남편과 가계부를 함께 보면서 이야기하는 시간을 갖기 시작했다. 겨우 둘뿐이지만 이번 주말에는 "2002호 가족회의 해야 해"라며 나름대로 거창한 자리를 만들었다. 그래서 생활비 예산은 적절했는지, 과한 지출은 없었는지 등을 함께 들여다보기 시작했다. 지금은 개인의 용돈을 제외한 모든 가계 지출과 돈 관리에 대해 서로 많은 것들이 공유하고 있기에 지출 문제로 다툼도 거의 없는 편이다. 하지만 지금도 가계 경제 상황과 계획에 대해 대화를 나누는 자리를 꾸준히 갖고 있으며 점점 더 투자와 내집 마련 등에 대한 대화도 나누며 한 발짝씩 더 나아가고 있다.

소비를 기록하는 것도 중요하지만 주기적으로 점검하는 것 역시 그만큼 중요하다. 결국 가계부를 활용하고, 예산을 짜는 궁극적인 목표는 '돈 관리'이기 때문이다. 보통 처음 사회생활을 시작하거나 결혼을 하거나 혹은 자녀를 낳는 등 가계의 소비 패턴의 변화가 커질 때쯤 점검하는 경우가 많다. 하지만 이보다 좀 더 잦은 주기로 점검이 필요하다. 물론 1인 가구라 하더라도 본인의 예산이 합당한지, 지출은 합리적이었는지 점검해보는 시간은 당연히 필요한 것이다.

가장 무난한 시기는 '매월 초'다. 지난 달 가계부 정산을 마무리하면서 리뷰 해보는 것이다. 이때, 2인 이상의 가계라면 꼭 구성원 모두가 자리해야 한다. 보통 돈 관리는 어쩔 수 없이 여럿 중 한 명이 리더가 되어 주도적으로 하기 마련이다. 가계부를 기록하고, 정리하는 것은 한 사람이 한다고 해도 리뷰만큼은 같이 해야 가계의 상황을 파악하고 소비를 조절하며, 목표를 조율해 나갈 수 있다.

왜 오늘은 배달을 시키지 않고 집밥으로 해결해야 하는지 누군가가 애써 설득할 필요 없이 서로가 현재 상황을 파악하고 함께 실천해 나가야 한다. 무엇이든 함께 할 때 시너지가 일어난다. 기본적인 소비에 대해 논의하는 것부터 시작이다. 이후에는 시드 모으기, 투자, 내집 마련 등 더 많고, 복잡한 것들에 대한 대화의 힘을 기르기 위한 목적도 있다. 꼭 주기적으로 가계경제에 대해 논의하는 시간을 갖자.

한 발 더 나가는 가계지출 계획하기

매월 지출에 대한 점검이 잘 이루어지고 있다면 **3개월마다 한 번씩 '예산'에 대한 논의를 더하면 좋다.** 우리가 책정한 생활비와 각자의 용돈, 경조사비 등이 적절했는지 확인하는 것이다. 무조건 줄이기 위해서는 아니다. 물가가 오르고, 삶의 질을 높이기 위해 예산을 높여 잡을 수도 있다.

나의 경우에도 생활비는 초기에는 적정선을 파악하기 위해 줄였던 적도 있지만 거의 항상 올라가는 추세다. 우리 부부는 극단적 절약은 아니지만 생활비는 '절약'을 베이스를 운영해왔다. 하지만 조금 더 좋은 식재료, 오르는 장바구니 물가 등에 따라 6개월 정도 주기로 생활비를 조금씩 올리고 있다.

이때도 혼자 결정하기 보다는 남편과 함께 결정해서 책임을 나누는 편이다. 이러한 가치를 공유하고, 맞추는 과정이 있으면 함께 장보는 과정에서도 더 수월하기 마련이다. 모든 것이 의사선택의 과정이 반영되기 때문이다. 처음에는 논의해야 할 것들이 많아 보여도 점차 반복된 리뷰는 간결해지고, 말하지 않아도 공유되어 있는 것들이 많아지니 어려워하지 말자.

취업이나 결혼 후 어느 정도 지출 규모가 눈에 들어오고, 예산도 적정선을 찾아가고 있다면 연말에는 다음 해의 큰 이슈가 있는 지출까지도 미리 계획하면 좋다. 신기하게도 매년 이슈가 생긴다. 어떤 해는 형제자매의 결혼, 또 어떤 해는 이사 그리고 또 어떤 해는 장기여행을 떠나기도 한다. 사실 모든 이슈를 미리 알 수 없지만 꽤나 큰돈이 들어갈 것들은 대부분 예상되는 것들도 많다.

미리 파악하면 대비할 수 있다. 하지만 그런 것 없이 갑자기 이슈가 발생하면 마이너스통장 혹은 할부와 같은 선택을 하거나 저축을 생략하기가 쉬워진다. 그래서 선저축을 하고 난 예산 안에서 지출을 위해서 연간 이슈를 미리 정리해 보면 좋다. 거창하지 않아도 엑셀 시트 하나면 괜히 든든한 기분이 든다. 연말 혹은 연초에 미리 작성해둔 연간 지출 계획표를 매달 업데이트하면서 다음 달을 준비해 나가면 된다. 몇 년을 반복하다 보면 각자의 급여 형태와 소비 가치관, 자산 등에 따라 '나다운' 혹은 '우리다운' 시스템을 만들어갈 수 있을 것이다.

need와 want의 균형

20대 중반 사회 생활을 시작하면서, 평범한 내 월급으로 살 수 없는 것들이 많다는 것이 참 싫었다. 일단 저축부터 하고 필수적인 주거비와 생활비를 지출하고 약간의 소비를 하고 나면 통장은 어느새 '텅장'이 되어 있었다. 사실 저축금액을 더 줄여서 명품도 사고 싶었고, 데이트할 때 비싼 맛집도 다니고 싶었다. 결혼을 하고 나서 함께 모으는 액수가 커지니 자동차도 사고 싶어졌다.

그때는 왜인지 모르지만 그렇게 쓰면 안 된다고만 배워서 내가 제일 하고 싶은 여행을 제외하고는 웬만하면 참으려고 노력했다. 아끼기만 하는 것 같은 스스로에 대한 불만도 함께 커졌던 시기다. 그런데 30대가 조금 지나고 보니, 나름 나답게 소비해왔다는 생각이 든다. 그때는 못 사서 참았다고 생각했는데 지금 보니 살 수 있었지만 사지 않은 것들이 대부분이었다. 남들이 사니 따라가고 싶은 마음도 있었지만 결국 따라가지 않은 것이다. 물론 약간의 충동적인 소비들도 있었지만 요즘은 잘 참은 나를 칭찬하곤 한다.

당장 갖고 싶은 물건을 사기보다 조금 더 빨리 결혼을 하고 싶었고, 내집 마련을 해서 안정감을 가지고 싶었다. 물론 여기에 원하는 소비까지 했다면 더할 나위가 없었겠지만 한정된 월급에 따라서 우선순위에 맞게 선택한 것이라 생각한다. 스스로 그 사실을 잘 몰라서 속상했을 뿐. 사소한 깨달음일지 모르지만 나는 마음이 한결 편해졌다. 그래서 남편과 우리가 진정으로 원하는 것에는 아끼지 말고, 원하지 않는 것에 절약하는 것을 속상해하지 않기로 했다. 요즘 나의 우선 순위는 가족과의 시간, 여행, 배움, 일 환경 그리고 건강한 먹거리이다. 여기에 보여지기 위한 약간의 소비까지.

나는 이것이 가치소비라고 생각한다. 가치로운가, 아닌가를 누군가의 기준으로 따지기보다는 오롯이 나의 관점에 따라 판단하는 것이다. 언제나 돈은 한정적일 것이고, 우리의 미래는 불투명하다. 우리는 매번 '살 것인가, 말 것 인가'의 기로에 놓이게 되어있다. 가끔은 틀린 선택을 할 때도 있지만 대체적으로 혹은 중요한 선택에서는 더 나다운 선택을 하려고 노력한다.

우리가 자주 쓰는 표현인 need와 want는 그냥 보면 비슷한 의미처럼 느껴지지만 실은 굉장히 다른 뜻이다. need는 없어서는 안 될 '필수적인 것'이고, want는 내 마음이 원하는 '욕망'과 같은 것이라 생각하면 그 차이가 확 와 닿을 것이다.

먼저 둘을 명확히 구분해야 한다. 꼭 필요하지 않은 것도 없으면 큰일 난다고 믿는 일이 종종 있다. 이전의 내가 그저 습관적으로 갖고 있었을 뿐인데, 없으면 불안해지기도 한다. 나에게 필수적인 것인지 생각해 봐야 한다.

하지만 사실 우리는 need만 잘 충족된다고 해서 만족스럽다고 느끼지 않는다. need가 물이라면 want는 커피와 같다. 물만 있어도 살 수 있지만 현대인의 필수품이자 이미 좋아하게

need와 want의 차이

need

VS

want

되어버린 커피를 마시지 못하면 불행해지는 것처럼 말이다. 그래서 다음으로는 정말 내가 '원하고 있는지' 구별해야 한다. 사실 마음이 원하는 것들이 정말 무한하게 많을 것 같아도 잠깐 충동적인 마음이거나 남들에게 보여지기 위한 거짓 소비인 경우도 많다. 내가 갖고 싶었거나 쓰고 싶었던 지출 중에서 진정으로 내가 원하는 것을 잘 가려내야 한다.

마지막으로, want에도 우선순위가 필요하다. 우리가 원하는 걸 다 살 수 없기 때문이다. 이 단계에서는 진짜 가치 소비가 필요하다. 보다 더 긍정적이고 보다 더 편리한 것, 타인에게도 좋은 영향력을 발휘할 수 있는 것 등으로 우선순위를 매기면 좋다. 충분히 고민해보면 적당한 예산과 금액대도 나오기 마련이다. 덧붙여 그 want를 충족하기 위해 가장 적합한 소비(물건, 재화 등)가 무엇인지도 잘 결정해야 한다.

소비의 관점에 있어서 need만 충족되면 극단적인 절약에 가까워지고, 반면에 want로 가득 찬 소비도 건강한 자산을 만

들수 없다. 결국 need와 want의 균형이 필요하며, 가장 나다운 want를 찾아가는 가치소비가 필요한 것이다.

PART 3

투자를 위한 시드,
모아보자 목돈!

투자보다 더 중요한
목돈 만들기

내가 사회초년생으로 회사를 다니던 2017년쯤, 비트코인 열풍이 불었다. 콩나물시루 같이 빽빽한 엘리베이터 안에서 절반 이상의 휴대폰 화면이 비트코인일 정도였으니. 누가 1억을 벌었다더라, 2배가 되었다더라 등등 벌었다는 얘기만 있었지, 잃었다는 소식은 듣지 못했다. 물론 그나마 주변 지인은 없고, 지인의 지인이 그렇다고 했다. 수익률이 큰 투자는 언제나 달콤하게 느껴지는 법이다. 물론 비트코인도 주목해야 할 하나의 가상화폐 투자 방법 중 하나이지만 사회초년생이 처음부터 시작하거나 무턱대고 '몰빵'할 대상은 아닐 것이다.

투자의 기본은 '시드 모으기'부터가 시작이다. 고기도 먹어

본 사람이 잘 먹는 것처럼 **돈도 모아본 사람이 불릴 줄도 아는 법이다.** 그런 의미에서 사회초년생에게 꾸준히 저축을 해보는 경험은 굉장히 중요하다.

왜 돈을 모아야 할까?

서울에서 평범한 회사를 다니는 지인 중에 어차피 월급 모아서 집도 못사는데 뭐 하러 아끼면서 모으냐고, 차라리 지금 쓰겠다고 말하는 사람이 있었다. 서울에서 평범한 월급으로 집을 사려면 과연 얼마나 걸릴까? 매월 200만 원을 저축한다고 하면 1년이면 2,400만 원, 10년을 모아도 2억 4,000만 원 수준이다. 10억 정도 되는 집을 대출 없이 산다면 대충 40년은 걸리는 셈이다. 지인의 이야기가 틀린 이야기가 아닐 수도 있다. 그래서 그 지인은 월세를 살면서 중고 외제차를 몰고, 지금 사고 싶은 거 사고, 먹고 싶은 것을 먹으며, 결혼 계획도 없다고 했다. 결혼할 생각이 원래 없었기에 '욜로'스러운 삶을 택한 게 아니라 현실적으로 어려워 보여서 일찌감치 포기를 택한 것 아닐까? 어찌 보면 현실적인 것일 수도 있지만 그의 삶은 그다지 행복해 보이지 않았다.

왜 저축을 해야 하는가에 대한 정답은 없다. 미래의 가정을 위해, 혹시나 하는 사고나 질병을 위해, 노후를 위해 모아야 한다고 하는데 답이 되지 않는 느낌이다. 이 또한 개인의 라이프 스타일과 가치관에 따라 다르기 때문이다.

하지만 이렇게 생각해보면 어떨까. 만약 저축을 하지 않는 다면 매월 월급에 맞춰 한 달을 살아내야 한다. 보증금을 모으지 못한다면 주거 비용으로 수입의 상당 부분을 지출해야 한다. 원룸이 아닌 투룸 빌라 혹은 오피스텔 정도라도 가려면 월세는 확 비싸진다. 더 나은 삶의 질을 위해 주거에 더 많은 비용을 투자해야 하고, 결국 생활비를 줄여야 한다. 우리가 원하는 삶의 질과 월급이 오르는 속도는 서로 다르기 때문이다.

하지만 내가 일부를 저축하고, 월세로 소비한다면 저축한 금액이 '보증금'이라는 목돈이 된다. 보증금이 모이면 월세를 낮출 수 있거나 같은 금액으로 더 나은 주거의 공간을 찾을 수 있다. 같은 월급으로 어떤 게 더 삶을 질을 위한 것일까? 당장 소비하는 게 욕구를 충족해 줄 것만 같아 보여도 절대 그렇지 않다. 돈은 한정적이고, 우리의 욕심은 무한하기 때문에 언제나 돈은 부족하게 느껴지기 마련이다.

그래서 **우리가 돈을 모아야 하는 이유는 '더 잘 쓰기 위해서'라고 생각한다.** 지금 손에 쥐고 있는 돈을 당장 다 써야만 행복한 것이 아니다. 어차피 월급에서 살 수 있는 것에도 한계가 있기 때문에 월급의 일부를 조금씩 모아 조금 더 원하는 데에 쓰는 시간을 함께 버는 것이기도 하다.

급여의 얼마큼을 저축해야 하는가?

어디선가 대한민국 평균 저축률이 30%대라는 통계를 본 적이 있다. 사실 얼마를 저축해야 올바른 것인가에 대한 정답은 없다. 그래서 괜히 더 쓰고 싶은 마음이 들 수도 있다.

기본적으로 저축률을 결정짓는 데에는 급여 수준, 주거 형태, 결혼 및 자녀 유무, 라이프스타일 등에 따라 천차만별이다. 그래서 지나치게 현재를 희생하지 않는 범위에서 미래를 준비할 수 있는 나만의 적정선을 잘 찾는 게 필요하다.

먼저 부모님과 함께 살면서 대출이 없는 월급 200만 원대 사회초년생이라면 50%는 저축하겠다고 생각하면 좋겠다. 일단 절반을 저축하고 난 뒤 점심, 교통비, 개인적인 용돈 등을 사용해보고 조금씩 저축률을 높여가면서 너무 힘들지 않은 선을 찾아가면 된다. 또 월급이 오르면 오르는 만큼 보상 심리로 써버리는 게 아니라 저축률을 유지하기 위해서는 오른 월급의 50%도 저축해야 함을 잊지 말자.

아이 및 자가가 없는 신혼부부의 경우에는 60% 저축률을 목표로 시작해 보자. 부모님과 함께 사는 사회초년생과 달리 주거 비용이 발생하기 때문에 쉽지는 않을 것이다. 하지만 생활비는 오히려 각자 쓸 때보다 줄어들 수 있다. 또 연애할 때 쓰던 데이트 비용도 상당히 줄일 수 있기 때문에 나름대로 조금 더

사회초년생에게 추천하는 저축률

부모와 함께 사는 사회초년생이라면?

50% 일단 저축 후

나머지 50%로 생활해보기

저축률을 맞춰볼 만하다. 60%를 시작점으로 잡고, 월간 고정비, 연간 고정 및 상비금 등과 함께 부부의 가치관, 미래 계획에 따라 조절해 나가보자.

일단 저축률 높이는 재미를 깨닫기만 한다면

매달 급여 300만 원을 받는 직장인의 월급이 10% 인상되어 330만 원을 받게 되면 통계적으로는 30만 원을 다 써버리는 경우가 훨씬 더 높다고 한다. 30만 원이 현실적으로 와 닿을 만큼 큰 금액이 아니기 때문에 보상심리가 커지는 탓이다. 이렇게 되면 오히려 저축률은 줄어들게 된다. 만약 50%인 150만 원을 저축하고 있었다면 45%로 줄어드는 셈이다.

반면에 급여가 1,000만 원인 소득자는 10%가 인상되면 100만 원의 여유자금을 그대로 저축 및 투자자금으로 활용하는 경우가 많다고 한다.

물론 우리의 소득을 당장 1,000만 원으로 올리기는 어렵다. 그래도 우리는 우리 나름의 소득 안에서 저축률을 높여보자. 즉, 저축률 50%를 유지하기 위해서는 인상된 30만 원의 절반인 15만 원은 더 저축해야 한다는 뜻이다. 여기에 조금 더 욕심을 내서 30만 원을 모두 저축한다면 저축률은 55%로 높아진다. 무언가를 사야겠다는 보상심리보다 이렇게 저축률을 높이는 재미를 한 번 느끼면 목돈도 모이고, 이를 불려가는 과정에서 재미도 느끼기에 앞으로가 더 쉬워지는 법이다.

결혼을 하고 혼자 모으던 돈을 남편과 둘이 모으니 저축하는 재미가 쏠쏠했다. '어떻게 하면 비용을 더 줄이지' 함께 고민하는 과정도 나름 재미있었다. 처음 50만 원이던 개인 용돈도 차츰 줄여서 30만 원, 25만 원까지 줄였음에도 삶의 질은 별로 떨어지지 않았다. 불필요한 소비가 많았던 것이다.

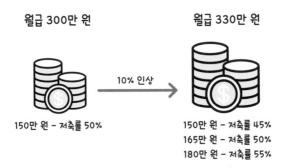

월급 인상에 따른 저축률 비교

월급 300만 원 → **월급 330만 원**

10% 인상

150만 원 – 저축률 50%

150만 원 – 저축률 45%
165만 원 – 저축률 50%
180만 원 – 저축률 55%

이후에는 수당, 성과급 등 고정 월급 이외의 비용이 들어올 때마다 보상 심리로 무언가를 사기보다는 저축률을 높이는 데에 재미를 들였다. 그래서 **부부 둘의 평범한 월급으로 60-70%대 저축률을 달성하면서 2년간 1억 원이라는 목돈을 모을 수 있었다.** 물론 가끔은 힘들다고 느끼기도 했지만 뿌듯함이 더 컸다. 목돈을 모으는 재미를 아는 사람은 자연스럽게 더 아끼고, 더 벌기 위해 노력할 수밖에 없다. 돈 쓰는 재미만큼 돈 모으는 재미도 쏠쏠하기 때문이다.

내 월급의 민낯
제대로 보기

처음 사회생활을 시작하고 받았던 첫 월급은 정말로 작고 귀엽고 소중했다. 수습기간이라는 이유로 통상 70%의 월급을 받았는데, 이를 제외해도 계약서에 적혀 있던 연봉을 12로 나눈 것보다 훨씬 적었기 때문이다. 그때의 허무한 기분은 아마 많은 사회초년생들이 공감할 듯하다.

대부분의 회사는 '포괄연봉제' 형태로 근로 계약을 진행한다. 1년 동안 받는 급여의 총합으로 4대 보험, 세금뿐 아니라 계약서에 따라 각종 수당, 성과급, 보너스가 포함되기도 한다. 이것이 일반적인 '세전 연봉'이다. 실제로 이를 모두 제외하고 우리의 계좌에 찍히는 '세후 연봉'은 훨씬 적을 수밖에 없다.

월급 통장 말고, '월급 명세서'로 월급 구조 파악하기

혹시 월급통장에 찍힌 이번 달의 내 월급 말고, 제대로 된 월급명세서를 본 적이 있는가? 보통 메일을 통해 보내주거나 사내 인트라넷에 접속해 볼 수 있는데 국민연금을 포함한 4대 보험료, 근로소득세, 기본급, 직책수당, 식대, 상여금 등 생각보다 상세한 내용들이 적혀있다.

그래서 월급을 받는 근로자라면 본인의 월급명세서를 한 번쯤 자세히 들여다봐야 한다. 실제로 제외되는 항목이 어떤 것들이 있는지 그리고 기본급 외에 어떤 수당이 있는지, 언제

월급명세서 예시

지급 및 공제내역

지급항목		공제항목	
기본급	원	국민연금	원
식대	원	건강보험	원
차량유지비	원	장기요양보험	원
가족수당	원	고용보험	원
근속수당	원	소득세	원
연장근로수당	원	지방소득세	원
야간근로수당	원	사우회비	원
휴일근로수당	원	가불금	원
기타수당	원	기타	원
합계	원	합계	원
실수령액			원

자료: 예스폼 서식사전

얼마가 들어오는지 정확히 알아야 더 나답게 월급을 관리하고 더 많은 시드를 모아갈 수 있다.

월급의 형태는 천차만별이다. 1년 내내 일정할 수도 있고, 매월 소득이 들쭉날쭉할 수도 있으며, 특정 달에는 상여금을 크게 받을 수도 있다. 내 고정급은 물론 1년 중 언제 상여금이 들어오는지, 월급 이외의 수당은 얼마나 되고 작년에 비해서는 얼마가 인상되었는지 등 내 월급을 제대로 파악해야 이에 맞는 저축과 소비 계획을 마련할 수 있다. 나아가 투자와 내집 마련을 위한 장기적인 계획도 가능하다.

처음에는 나 또한 대학생 용돈 기입장 수준의 가계부를 쓰는 것이 전부였다. 소비를 기록하는 것만이 돈 관리의 전부라고 생각했을 때였다. 특히 결혼 전에는 저축은 했지만 부모님께서 관리해 주셨던 터라 결혼 후 온전한 내 월급과 남편의 월급을 합쳤을 때는 너무 큰돈이 손에 쥐어진 것만 같아 신혼 6개월은 꽤 벅찼던 시간이었다

그때, 찬찬히 다시 보기 시작했던 게 월급명세서였다. 첫 직장에서는 1년에 한 번, 성과급을 들어오는 것을 제외하면 나머지 열한 달의 월급이 동일했던 것과 달리 이직한 직장에서는 3개월마다 불규칙적인 인센티브가 들어오는 새로운 형태였다. 게다가 남편도 수당이 매월 제각각이라 급여가 일정하지 않았기에 우리만의 다른 저축 방식이 필요함을 느꼈다.

매월 고정급으로 고정 생활비와 저축을 해결하고 모든 수당을 합해 경조사비와 계절별 쇼핑, 여행, 자기계발비 등을 상비금로 관리하면서 3개월에 한 번씩 돈이 남으면 저축 통장으로 일부를 이체하는 방식으로 관리하기 시작했다. 처음에는 무관심하기만 했던 남편의 멱살을 잡아 끌고, 우리 둘만의 가족회의도 하며 신혼 살림을 꾸리다 보니 돈 관리에도 조금씩 규칙이 생기기 시작했다. 규칙이 생겨나자 새는 돈이나 무지성 소비는 거의 없어졌다. 돈도 벌어본 사람이 더 벌 줄 알고, 모아본 사람이 더 모을 줄 안다고들 한다. **더 큰돈을 관리하고 투자하며, 자산을 만들어 나가는 힘이 월급명세서를 제대로 보는 것부터 시작한다고 생각하는 이유다.**

우선 본인의 연간 월급 구조를 파악해야 한다. 매월 동일하게 들어오는 기본급 외에 들어오는 수당과 부수입을 월별로 정

월급 형태로 나만의 저축/소비 방식 찾기

고정월급	상비비
(기본급)	(수당, 인센티브, 상여금)

고정 생활비	경조사
보험비	계절별 쇼핑
주거비	여행/자기계발비
...	...

리해보면 좋다. 성과급, 직책 수당, 명절 상여금뿐 아니라 복지 비용, 연말정산 환급액 등을 월별로 체크해야 한다. 그럼 대략 내가 1년간 실제로 받게 될 금액을 유추해 볼 수 있다.

계획을 세우지 않는다면 기본급 외에 들어오는 금액은 보너스가 들어왔다는 기분에 괜히 사고 싶었던 물건을 사거나 과소비를 하며 써 버리게 된다. 하지만 자투리 수당도 잘만 모으면 꽤 큰 시드가 될 수 있다. 물론 나를 위한 의미 있는 보상을 종종 하는 것은 괜찮지만 대부분 충동 구매로 이어지는 경우도 많다. 그러니 이를 방지하기 위해서라도 계획을 세워야 한다. 이렇게 정리한 기본급 외 수당들로 경조사비용 혹은 계절별 옷을

찐주부네 기본급 외 월별 수당 예시

	남편	아내
1월	정근수당	인센티브1
2월	연말정산 명절상여금	직책수당 명절상여금
3월	성과급	연말정산
4월	복지포인트	인센티브2
5월	연봉인상	연봉인상
6월		
7월	정근수당 방과후수당	인센티브3
8월		직책수당
9월	명절상여금	
10월		인센티브4
11월		
12월	방과후수당	

구매하거나 여름 휴가 비용, 세금 등으로 대체할 수 있다. 또 소액 투자 자금으로 따로 관리하는 것도 나름의 목표를 가지고 동기부여 하는 것도 좋은 방법이 된다. 나의 경우에는 원하는 저축률을 달성하지 못했을 때, 보너스로 저축률을 높일 수 있는 방법으로 사용하기도 한다.

만약 근로소득자가 아니라 수입이 일정하지 않은 프리랜서 혹은 자영업자라면 상대적으로 관리가 어려운 게 사실이다. 하지만 이 경우에도 매달 들어오는 만큼 적당히 쓰고, 모으기 보다는 본인의 소득 구조에 맞게 관리 플랜을 세워나가야 한다. 1년간의 수입을 돌아보면서 월별 이슈가 있는지, 매월 최소한 들어오는 수입은 어느 수준인지 등 체크해서 최대한 계획적으로 관리해야 한다. 만약 불확실성이 크다면 상비금을 좀 더 넉넉하게 잡고, 분기별로 저축을 늘리는 방식도 괜찮을 것이다.

근로소득세, 맞춤형 원천징수 제도 활용하기

기본적으로 직장인이 받는 월급은 근로소득세와 지방소득세라는 세금을 제외하고 받게 된다. 이를 간이세액표에 따른 '원천징수'라고 하는데 미리 일부를 제외하고, 월급을 받는 대신 매년 다음해 초, 연말정산을 통해 다시 정산하게 된다. 이때, '맞춤형 원천징수 제도'라고 해서 근로자 본인의 세액의 비율

매월 세후 월급이 바뀌는 맞춤형 원천징수제도

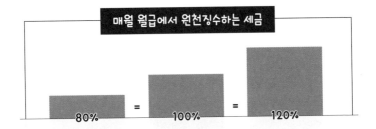

매월 월급에서 원천징수하는 세금

80% = 100% = 120%

연말정산에서 정산되는 세금

을 80%, 100%, 120% 중 선택할 수 있다. 입사 후 처음에는 보통 100%로 되어있는데 내가 원한다면 비율을 바꿀 수 있다.

매달 받는 실수령액을 조금 더 높이고, 오히려 연말정산에 세금을 더 내거나, 환급액을 덜 받겠다고 하면 80%로 설정하면 된다. 반면에 연말정산에 한 번에 추징되는 금액이 부담스러운 소득 구조라면 120%로 설정하여 매월 조금 더 많은 금액을 근로소득세로 내는 것도 방법이다. 물론 결국 세금의 총량은 같다. 월급으로 먼저 내느냐, 연말정산에서 한 번에 내느냐의 차이가 있을 뿐이다. 그렇지만 당장 매월 내 통장에 들어오는 급여액은 다를 수 있으니 상황에 따라 선택하자.

자동으로 적립되는 국민연금

월급을 받을 때 제외되는 항목 중 '국민연금'이 꽤 큰 비중을 차지한다. 소득이 있는 우리나라 사람은 의무적으로 가입하는 필수 연금으로 회사와 근로자가 절반인 4.5%씩 각각 부담하게 된다. 공무원 등 특수 연금이라면 9%씩 부담하는 경우도 있는데, 양쪽 모두 본인이 납입하는 금액을 정할 수는 없다.

참고로 프리랜서 혹은 사업자라면 지역가입자 형태로 분류되어, 9% 전액을 본인이 내야 하기 때문에 상대적으로 부담이 좀 더 큰 편이다. 단, 총소득의 9%가 아닌 필요경비를 제외한 나머지 과세소득의 9%를 의미한다. 만약 소득이 발생하고 있지 않거나 거의 없는 상태라면 납부예외 등의 제도를 활용해 유예할 수 있다. 또 본인의 소득 자료 제출을 통해 보험료 정정을 할 수도 있다.

사실 국민연금은 '더' 내고, '덜' 받는 2030의 입장에서는 달갑지 않게 느껴지는 제도이기도 하다. 실제로 돌려받을 수 있을지에 대한 의문을 제기하는 목소리도 있다. 하지만 국가가 보장하는 연금 제도이기 때문에 우리의 미래에도 유효한 제도일 것이니 안심하자. 다만 매번 제도가 개정되면서 더 내고, 덜 받는 구조로 바뀌고 있다는 점은 알고 있어야 한다. 2024년 현재 기준으로 1969년생 이하의 수령나이는 65세다. 저출산, 고령화가 가속화되면서 앞으로 국민연금 보험료는 더 인상되며, 더 늦게 수령할 예정이기도 하다.

어차피 의무적으로 내야 하는 만큼 **국민연금은 중요한 노후 대비 자금 중 하나가 되어야 한다.** 국민연금 홈페이지를 통하면 현재까지 내가 얼마나 냈는지를 확인할 수 있다. '국민연금 납부액 조회'를 통해 확인하면 되는데, 몰랐던 사이에 생각보다 꽤 많이 모였다는 것을 알 수 있을 것이다. 또한 현재의 수준으로 꾸준히 납부한다면 얼마를 받을 수 있는지 약간의 물가상승률까지 반영된 '예상수령액'도 볼 수 있다.

물론 지금 청년 세대의 노후는 국민연금만으론 대비가 불가능하다. 용돈 수준에 불과할 것이라는 의견이 지배적인 게 사실이다. 그럼에도 나의 소득으로 노후에 돌려받을 수 있는 국민연금이 얼마고, 언제인지 알고 있어야 한다. 그래야 다음을 준

2024년 기준 국민연금과 노령연금 수령나이

노령연금 지급연령 상향조정(법률 제8541호 부칙 제8조)

출생연도	노령연금	지급개시연령 조기노령연금	분할연금
1953-56년생	61세	56세	61세
1957-60년생	62세	57세	62세
1961-64년생	63세	58세	63세
1965-68년생	64세	59세	64세
1969년생 이후	65세	60세	65세

자료: 국민연금공단

비할 수 있기 때문이다. 이와 함께 부족한 자금은 개인연금, 금융투자, 부동산 등으로 함께 대비해야 하니 이와 관련해서도 꾸준히 관심 가지길 바란다.

그외에도 우리가 '4대보험'라고 불리는 건강보험, 장기요양보험, 고용보험이 포함되는데 이 역시 근로자라면 필수적으로 가입되는 것으로 소득 대비하여 납입 금액이 결정된다. 즉, 소득이 올라가면 납입 금액도 함께 올라간다.

월급날은 통장 쪼개서
0원 만드는 날

　　직장 생활을 하던 시절 매달 월급을 받고 나서 가장 먼저 하는 일은 통장을 쪼개는 일이었다. 생활비와 개인 용돈, 저축 및 투자 그리고 상비금 통장에 약속된 예산을 기계적으로 배분하고, 월급 통장의 잔액은 0원으로 만들었다. 내 통장의 잔액이 300만 원일 때와 50만 원 일 때는 씀씀이도 달라지기 때문이다. 정해진 예산 내에서 지출하는 습관을 위해서는 통장 쪼개기만큼 좋은 게 없다고 생각한다.

금리 높은 월급통장 만들기

보통 월급 통장은 제1금융권 시중은행인 경우가 많다. 본인이 선택하는 게 아니라 회사가 지정해 준 은행을 이용하게 되는 경우가 많다. 개인적으로는 모든 자동이체, 카드 결제 대금 등은 메인 월급 통장으로 한 번에 관리하는 것을 추천한다. 통장을 쪼개는 건 목적에 따라 사용하기 위해서다. 자동이체가 되는 과금들이 분산되어 있으면 관리하기 쉽지 않다.

그런데 아마 입출금통장을 통해 기억할 만한 이자를 받은 적이 거의 없을 것이다. 보통 1금융권 입출금 통장은 금리가 0.1-0.5%로 거의 이자가 없는 것이나 마찬가지다. 하지만 은행마다 조금 더 이자가 높은 월급 통장과 함께 멤버십에 가입만 하면 받은 수 있는 혜택들이 있다.

예를 들면, 국민은행 'KB마이핏 통장'은 만 38세 미만 청년이 가입할 수 있으며, 급여이체 등 조건을 충족하면 연 1.5%의 비상금 이자를 받을 수 있다. 또한 '급여플러스'에 가입하면 여러 이벤트 혜택도 함께 챙길 수 있다. 하나은행 달달하나 통장도 급여이체 실적을 충족하면 200만 원까지 연 3.0%의 이자를 받을 수 있다. 신한은행 슈퍼SOL 통장도 연 3.0%의 이자를 주는 입출금 통장이며, '급여클럽'이라는 멤버십에 가입하면 여러 이벤트에 참여할 수 있는 혜택이 주어지고, 우리은행 '직장인셀

럽'도 유용하게 사용할 만하다. 그외에도 여러 은행에서 이자도 받고, 혜택도 챙길 수 있는 월급통장 및 멤버십을 운영하고 있으니 본인의 주거래 은행 어플에서 체크해 보자.

월간 고정비용 통장 이체하기

월급이 들어오면 이제 목적에 따라 만들어진 통장으로 이체를 한다. 매월 얼마를 저축할까, 고민하는 것이 아니라 이미 계획되어 있는 금액을 기계적으로 이체하는 것이다. 만약 동일한 금액을 저축하고, 지출하는 게 어렵다면 자동이체를 걸어두는 것도 방법이다. 통장 쪼개기의 핵심은 목표한 금액만큼 저축하고, 소비하는 것에 있다.

참고로 월급 통장을 받는 주거래 은행의 '오픈뱅킹'을 이용하면 꽤 편리한데 하나의 어플에서 모든 은행의 계좌 조회, 송금, 결제 등 금융 업무를 볼 수 있는 공동 결제 시스템을 말한다. 즉 일일이 여러 은행이나 증권사 어플에 접속하지 않아도 내 계좌를 통합하여 관리할 수 있는 것이다. 이를 활용하면 월급날 통장 쪼개기는 그리 어렵지 않다. 게다가 요즘은 타행 이체도 횟수 제한이나 수수료도 없어서 더 편리해졌다.

1인 가구라면 용돈과 생활비를 합치고, 상비금 그리고 저축/투자 통장 정도로 구분해서 사용하면 된다. 2인 이상의 가

카카오뱅크 모임통장 예시

가족 생활비도
관리해요

한 달 생활비 예산을 정하면
이번 달에 쓴 생활비를 한 눈에 볼 수 있어요.

이번달에 쓴 생활비	500,000원
0원	100만원
관리비	-300,000원
마트	-200,000원

자료: 카카오뱅크

구는 조금 더 잘게 쪼개야 한다. 각자 용돈과 생활비 통장을
구분해야 하고, 자녀 통장 그리고 상비금, 저축/투자 통장으로
이체하면 된다. 만약 여기서 좀 더 세분화해서 관리하고 싶다
면 여행, 자기계발, 경조사, 부모님 용돈 등 목적에 맞게 적립식
으로 돈을 모아가는 것도 방법이 된다. 특히 목적이 있는 나만
의 통장이 생기면 소액이라도 더 즐겁게 모으는데 동기부여가
되기도 한다.

　참고로 2인 이상의 가구에서는 생활비 통장을 공유통장으
로 활용하면 좋다. 현재는 카카오뱅크, 토스뱅크, 케이뱅크, KB
국민은행, 하나은행 등에서 모임통장을 개설할 수 있다. 은행마
다 약간씩 차이가 있지만 함께 납입도 할 수 있고, 내역을 공유
할 수 있다는 장점이 크다. 가계부로도 공유할 수 있지만 잔액

을 직관적으로 확인할 수도 있고, 모아가는 재미를 함께 느끼기 위해서 활용하는 편이다.

나머지 비용은 모두 상비금 통장으로 한 번에 모아서 운영한다. 앞서 봤던 경조사, 분기별 쇼핑, 자동차 관련 비용, 세금 등 매월 고정적이지 않지만 필수적으로 발생하는 비용과 건강 등 혹시 모를 경우를 대비해 운용하는 통장이라 생각하면 된다. 이와 관련해서는 다음 장에서 좀 더 상세하게 다뤄보자.

입출금하며 받는
쏠쏠한 이자, 파킹통장

이자 주는 입출금 통장이 유용한 이유

만기가 긴 예적금에 넣기에는 부담스럽고, 그렇다고 목돈을 0.1% 수준의 입출금통장에 그냥 두기에는 아까울 때가 있다. 이럴 때, 입금과 출금을 자유롭게 하면서 이자도 꽤 쏠쏠하게 챙길 수 있는 금융상품이 바로 '파킹(parking)통장'이다. 잠시 주차하듯이 예치한다는 의미로 매일 잔액에 대해 이자가 산정되고, 보통 매월 정해진 날에 한 달치의 이자가 지급된다. 아마 '토스뱅크 통장'을 떠올리면 가장 쉬울 것이다. 다만 대부분 상품명에 파킹통장이 표시된 것은 아니고, 입출금 통장 중 금리가 높은 상품이라고 생각하면 된다. 1, 2 금융권에는 굉장히 다양한 상품이 있는데, 종종 매일 혹은 분기별로 이자를 지급하는 상품도 있다.

대단한 목돈을 모을 수 있는 통장은 아니지만 변동성 있는 자금을 넣어두기엔 파킹통장 만한 게 없다. 개인적으로는 '변동지출 자금' 통장으로 잘 활용하고 있다. 매월 일정한 고정비가 아니라 건강 이슈, 조의금 등 **예측할 수 없는 지출이나 분기별 혹은 1년에 한 번 정도 발생하는 지출을 위한 '상비금' 통장으로 활용하는 편이다.** 고정 월급 외 불규칙적인 수당이 발생할 때마다 파킹통장에 이체해 두고, 필요할 때마다 꺼내 쓰면서 이자도 받는 식이다. 특히 이러한 변동지출 통장이 따로 있으면 매월 고정적인 생활비, 용돈 등을 통제하기가 더 쉬워진다.

이와 함께 약간의 비상금 역할도 함께 한다. 예상치 못한 지출은 언제든 찾아올 수 있기에 현금을 가지고 있는 것이 좋다. 그렇다고 '혹시나' 하는 이유로 몇천만 원씩 비상금을 갖고 있는 건 아지만, 몇백만 원 수준에서 여유 자금으로 가지고 있는 편이다. 이때, 비상금과 같은 여유 자금이 아예 없다면 카드 할부, 마이너스통장, 카드론 등 대출을 쓰게 되는 문제점도 있다. 목적이 불분명한 대출은 최대한 지양하는 게 좋기 때문에 약간의 자금을 파킹통장에 예치해 두는 편이다.

게다가 이사, 성과급 등 잠깐 목돈을 가지고 있어야 할 경우에도 활용하기 좋다. 곧 써야 하거나 투자 시기가 애매할 수도 있고, 언제 쓰게 될지 모르는 자금은 예적금에 묶어둘 수가 없기 때문이다. 사전적 의미처럼 주차하듯이 잠깐 예치하는 식으로 활용한다. 이렇게 여러 목적에 따라 두어 개의 파킹통장을 구분해서 갖고 있는 것도 돈 관리에 도움이 되니 참고하자.

은행 파킹통장 두 배로 활용하기

이렇듯 파킹통장은 꽤 유용한 이자 주는 입출금 통장이지만 단점이 하나 있다. 금리가 일(日) 단위로 변동된다는 점이다. 물론 매일 같이 바뀌는 것은 아니지만 보통 몇 달에 한 번쯤 변동된다는 안내 문자를 받게 된다. 시장 금리에 따라 오르기도 하고, 내리기도 하기 때문에 가입 시점에 가장 금리가 높고 괜찮은 상품이라도 언제든 바뀔 수 있다. 그래서 장기 예치를 하기에 적합하지 않다. 특판 혜택이 종료되거나 금리 변동 안내를 받으면 비교 후 다른 상품으로 갈아타기를 하는 것도 좋다. 위낙 상품이 다양한 터라 원하는 목적, 예치 한도 등을 고려하여 가장 금리가 높은 것을 선택하면 된다.

첫째, 파킹통장이 대중화된 것은 아마 인터넷은행 3사의 카카오뱅크 세이프박스, 케이뱅크 플러스박스, 토스뱅크 파킹통장일 것이다. 보통 많은 사람들이 이용하는 은행 어플이라 편리하고 예치 한도도 넉넉하며, 안전한 1금융권에서 매일 이자를 받을 수 있다는 장점이 있다. 하지만 금리는 다소 아쉬운 편이다. 게다가 카카오뱅크와 케이뱅크는 통장 속 금고 형태의 계좌라 직접적인 타행 입출금이 불가능하기에 다소 번거로운 편이라는 단점이 있다.

둘째, 1금융권에서는 '첫거래 특판'을 활용하면 좀 더 높은 이자를 받을 수 있다. 최근 들어 시중은행뿐 아니라 지방은행, SC제일은행과 같은 곳에서도 굉장히 다양한 상품이 나오고 있다. 해당 은행을 이용한 적이 없거나 최근에 이용하지 않았다면 3-6개월 기간 동안 특판 금리를 적용 받을 수 있다. 금액 한도와 기간이 정해져 있어서 특판 금리 적용이 끝나면 갈아타야 한다는 번거로움은 있지만 이자는 꽤 쏠쏠한 편이다.

셋째, 전체적으로 1금융권보다는 2금융권 저축은행의 파킹통장이 금리가 높고, 우대 조건도 더 여유로운 상품들이 많다. 대부분은 우대 조건이 쉬운 편이거나 일부는 아예 조건이 없고, 기본금리로 적용되는 경우도 있어 개인적으로는 많이 활용하는 편이다.

단, 저축은행은 웬만하면 예금자보호 한도를 고려하여 예치하길 권장한다. 종종 2금융권인 저축은행에 돈을 맡기는 게 정말 안전한지 걱정하는 이들도 있다. **우리나라는 '예금자보호법'에 의해 각 은행별로 현행 1인당 5,000만 원까지 원금과 이자를 보호하고 있**

다. 특히 시중은행, 인터넷은행 등과 같은 1금융권 은행은 워낙 안전성이 높아 크게 걱정하지 않아도 된다. 다만 2금융권 저축은행은 한 곳에 과하게 넣기보다 한도 내에서 분산하면 마음 편하게 예치할 수 있으니 참고하자. 특히 그동안 한도를 1억 원으로 상향하는 논의가 꾸준히 진행되어 왔었는데 드디어 관련 개정안이 국회를 통과했다. 따라서 2025년에는 보호 한도가 1억 원으로 오를 예정이다. 그렇게 된다면 각 은행별로 5,000만 원이 아닌 1억 원까지 예금자보호법의 보호를 받을 수 있게 된다.

마지막으로 그외에도 소소한 소액 특판용 상품들도 꽤 유용하다. 가장 대표적으로 '네이버페이 머니 하나통장'과 같이 300만 원 한도로 1년간 연 3.0%의 이자를 받을 수 있는 소액 특판용 상품도 있다. 또 OK저축은행에서도 신규 고객을 대상으로 50만 원, 100만 원 한도로 특판을 자주 만들기 때문에 소액을 활용하기에 괜찮으니 참고하자.

파킹통장과 비슷한 증권사 CMA 통장

은행에 파킹통장이 있다면 증권사에는 CMA 통장이 있다. 'Cash Management Account'의 약자인 CMA는 증권사의 자산관리계좌인 입출금 통장을 말한다. 특히 주식이나 ETF 펀드 등 투자를 하고 있다면 이용 중인 증권사의 CMA가 더 편리할 수도 있다. 파킹통장과 유사하게 이자라는 약정된 수익률을 받게 되는데 역시 매일 단위로 수익률이 변동되는 상품이라 보통 몇 달에 한 번씩 수익률이 변경된다는 안내를 받곤 한다.

일부 수익률이 높은 특판은 예치 한도에 제한이 있지만 대부분은 한도에 제한이 없어서 큰 목돈을 잠깐 맡겨두기에도 괜찮고, 수익금인 이자도 매일 지급받을 수 있다는 게 장점이다. 다만 파킹통장과 달리 예금자보호법은 적용되지 않는다. 하지

네이버 CMA 금리비교 예시

자료: 네이버 예적금 금리정보

만 우리가 CMA에 예치한 돈은 보통 RP 혹은 발행어음에 자동 투자되는데 워낙 안전성이 높은 5-6등급에 속하기 때문에 크게 걱정하지 않아도 된다. 그래서 파킹통장과 똑같이 생각해도 무방한 수준이다.

참고로 증권사가 아닌 우리종합금융의 CMA는 유일하게 예금자보호법에 따라 1인당 5,000만 원까지 원금과 소정의 이자가 보호가 된다. 증권사 CMA보다 더 약정 수익률이 높을 때가 있어서 활용하기에 괜찮다.

정리하자면 은행 파킹통장과 증권사 CMA는 유사한 용도로 잠깐 목돈을 맡기거나 입출금이 필요한 상비금을 예치해두기에 괜찮다. 단, 앞서 말한 것처럼 금리가 몇 달 단위로 바뀌는 편이라 안내 문자를 받거나 특판 약정기간이 끝나면 종종 바꿔주면 좋다. 계속해서 새로운 상품이 나오기 때문에 6개월에서 1년 단위로 한 번씩 옮겨주면 좋다.

상품 종류가 많아서 복잡해 보여도 네이버에 '파킹통장' 혹은 'CMA'를 검색하면 어렵지 않게 이자를 비교할 수 있다. 검색하는 시점에 본인의 조건에서 파킹통장과 CMA 중에서 이용하기에 편리하면서 이자를 많이 주는 상품에 예치하면 된다. 적은 금액이라도 매달 커피 한 잔 이상 값은 모을 수 있으니 함께 활용하자.

chapter 5

목돈 모으기의 정석, 은행 예적금 활용법

　사회초년생 중에는 어릴 때 부모님이 개설해 준 적금 통장 이후 스스로 통장을 만들어 돈 관리를 하는 게 처음인 사람도 많을 것이다. 보통은 은행 금융상품으로 목돈을 모으기 시작한다. 기본적으로 예적금과 같은 금융상품은 만기까지 기간이 정해져 있고, 약속된 금리를 적용 받기 때문에 안전자산으로 분류된다. 고수익 투자 상품에 비해서 이자가 적어서 답답할 수도 있지만 **사회초년생은 차곡차곡 돈을 모아 만기에 원금과 이자를 모아 큰돈을 만드는 경험을 꼭 해 봐야 한다.** 이후에 투자를 한다고 해도 일부는 안전자산으로 갖고 있는 것도 필요하기 때문이다. 은행의 금융상품에 대해서도 자세히 알아보자.

예금과 적금 차이, 금리 비교는 이렇게

먼저 **예금은 '목돈 굴리기'를 위한 목적을 가진 금융 상품이다.** 목돈을 이를 일시에 예치하여 이자를 받기 위한 금융상품이다. 정기예금, 예탁금 등도 같은 용어라 생각하면 된다.

반면에 **적금은 목돈 '모으기'를 위한 목적**이 크다. 만기일까지 매월 납부하는데 정해진 금액이 없다면 자유적립식, 있다면 정액적립식으로 나뉜다. 보통 금리가 조금 괜찮은 상품이라면 매월 납입할 수 있는 최대 금액이 20만-50만 원으로 제한이 있는 편이라 특판 적금 여러 개를 돌리는 것도 추후에 꽤 쏠쏠한 이

다양한 특판 적금 예시

자료: 국민은행, 애큐온저축은행, 웰컴저축은행

자와 함께 원금을 챙길 수 있다.

예금에 비해 굉장히 상품 종류도 다양하고, 1만 보 이상 걷기, 앱테크 출석체크 등 재미있는 특판도 많아 즐겁게 모으는 재미도 있다. '카카오뱅크 26주적금'처럼 매일 출석체크 하듯이 납입하는 상품도 인기가 많다. 하지만 일부는 과도한 신용카드 실적, 다수의 우대 조건 등으로 까다로운 경우도 많아서 조건들을 꼼꼼하게 확인해야 한다.

이렇게 예금과 적금은 목적의 차이는 있지만 공통점은 **만기까지 유지하는 것**이 핵심이라는 것이다. 보통 중도에 해지하게 되면 굉장히 적은 이자를 받기 때문이다. 납입한 만큼은 이자를

금융감독원 금융상품통합비교공시

자료: 금융감독원

받는 게 아니라 기간에 따라 다르지만 대부분 절반도 안 되는 수준이라고 생각하면 된다. 그래서 어떤 상품이든 중요한 것은 일단 만기까지 유지하는 것이다. 만기까지 유지할 수 있을지 없을지 불확실하다면 종종 중도해지를 해도 약정된 이자를 주는 상품들도 나오고 있으니 활용하는 것도 방법이 된다.

참고로 이러한 1금융권 은행, 2금융권 저축은행의 예적금 상품은 네이버에서 어렵지 않게 찾을 수 있다. 검색어로 '예금' 혹은 '적금'을 검색하면 된다. 금리 높은 순으로 확인할 수 있으며, 6개월, 12개월, 24개월 이상 중 선택할 수도 있다. 만약 6개월 미만 초단기 상품은 '금융감독원 금융상품통합비교공시' 사이트에서 비교해 볼 수 있으니 참고하자.

예금, 적금 가입할 때 참고할 것!

먼저 목돈을 굴리기 위한 예금의 만기는 일반적으로 12개월을 기준으로 한다. 단기는 6개월 수준이지만 요즘은 1개월, 3개월짜리 초단기 예금도 나오고 있다. 길게는 24개월, 36개월 상품도 있다. 특히, 일부 초단기 예금은 파킹통장과 유사하지만 좀 더 이율이 괜찮은 경우가 많아서 단기 목돈 자금을 운용하기에 좋다.

무엇보다 예금은 목돈을 일시에 예치하고 기다리는 것이기 때문에 만기까지 유지할 수 있는 기간에 맞춰 가입해야 한다. 또한 상품설명서에 보면 중도인출이나 중도해지가 가능한 경우도 꽤 많다. 만기 전까지 1-2회 정도 일부 금액을 인출할 수 있는데 전체 해지보다는 낫다. 하지만 일부 인출된 금액의 이자는 굉장히 낮은 중도해지 이율을 적용 받는 것은 동일하다.

만약 잠깐 사용해야 하는 것이라면 차라리 '예금자담보대출'를 활용하는 것도 방법이다. 내가 받는 금리에서 1%p정도 가산된 이자를 내고 빌리는 방식이다. 내 돈을 꺼내는데 이자를 낸다는 것이 아깝다고 느껴질 수 있지만 단기간 사용하는 것이라면 해지보다는 훨씬 더 나은 선택이 될 것이다.

적금에 비해 상품이 다양하지 않지만 예치 금액에 제한이 없는 경우가 많다. 다만 일부 특판의 경우에는 좀 더 많은 이자를 받을 수 있는 대신, 납입 한도에 제한이 있는 상품도 있어서 가입하기 전에 꼼꼼하게 비교해야 한다.

적금 역시 12개월 만기를 기준으로 하는 상품이 대부분이다. 단기 적금이라고 하면 보통 6개월이며, 종종 고금리 특판 3개월 적금도 있다. 또한 일부 24개월 상품도 있고, 청년도약계좌 같은 특수한 상품은 5년 만기도 있지만 보통은 24개월이 최대다. 적금 금리는 천차만별인데 개인적으로는 '케이뱅크 코드 K 자유적립식' 상품을 기준으로 생각하는 편이다. 우대 조건 없이 기본금리로 적용되기 때문이다. 현재는 12개월 기준 연

3%대 수준이며, 이는 보는 시점에 따라 달라질 수 있다.

하지만 어떤 우대 조건이냐에 따라 특판 금리는 연 10%를 훌쩍 넘는 고금리 상품도 있다. 상대적으로 금리가 일정한 수준인 예금과는 굉장히 다른 점이다. 금리가 높을수록 더 많은 이자를 받을 수 있으니 좋은 상품인 것은 맞지만 특판은 대부분 굉장히 낮은 기본금리에 여러 우대 조건을 충족해 우대 금리를 적용 받아야 한다. 또한 납입 한도, 납입 주기 등도 꼼꼼하게 볼 필요가 있다.

보통 연 10%가 넘는 특판은 조건을 충족하기 굉장히 까다롭다고 생각하면 된다. 특히 이벤트성으로 '당첨' 시에 해당 금리가 적용되고, 그외에는 낮은 금리가 적용되는 상품도 많다. 자세히 확인하지 않으면 종종 속았다고 느낄 수도 있기 때문에 꼭 확인이 필요하다. 또 신생아 출산이나 만 60세 이상, 신혼부부 등 일부 대상자만 가입할 수 있는 특판도 많다.

그 외 모든 사람들이 가입할 수 있는 고금리 특판의 우대 조건들을 보면 신용카드 실적, 청약 보유, 1만 보 걷기, 정보제공 동의, 출석체크 등으로 다소 번거로운 것들이 많다. 하지만 사람에 따라 그다지 어렵지 않게 느끼는 경우도 있기 때문에 본인의 조건과 스타일에 맞는 상품을 선택하면 된다.

또한 특판은 보통 납입 한도에 제한이 있다. 적게는 10만 원, 보통 20만-30만 원, 넉넉한 경우에는 50만 원 수준이다. 한

특판 상품 예시

출처: 네이버 예적금 금리정보

번에 큰 금액을 납입할 수 없기 때문에 특판을 활용하려면 분산 예치가 필요하다. 조금은 부지런해야 하는 것이다.

카카오뱅크 26주적금의 함정 세 가지

여러모로 적금은 조건뿐 아니라 납입하는 방법도 상품마다 워낙 다양해서 함정에 빠지기도 쉬운 편이다. 예시로, 많은 사람들이 손쉽게 가입하는 '카카오뱅크 26주적금'을 보자. 현재는 연 5.5% 꽤 괜찮은 수준의 금리다. 특이하게도 주차별로 증액하여 납입하는 형태로 1,000원, 2,000원, 3,000원, 5,000원,

26주 적금 가입금액 1천원 및 5천원 납입 예상이자

출처: 카카오뱅크

1만 원 중 선택하여 시작하는 방식이다.

그런데 여기엔 세 가지 함정이 있다. 먼저 처음에는 가벼운 마음으로 시작하기 좋지만 주차별로 증액되다 보면 3개월쯤 지났을 때는 납입해야 할 금액이 꽤 부담스러워진다는 점이다. 금액을 변경할 수도 없기 때문에 꾸역꾸역 납입해야만 한다. 둘째는 적금은 오래 납입할수록 이자가 커진다는 데 있다. 그러나 26주적금은 증액식이라 초기에 납입하는 원금이 워낙 소소하다. 그래서 연 5.5%에 비해 막상 받는 이자는 생각보다 적다고 느낄 수도 있다. 마지막으로 우대 금리는 7주 납입, 26주 납입 성공 시에 적용되어 꽤 심플한 편인데 자동이체가 되지 않고, 직접 납입을 해야 한다. 한 주라도 빠뜨리면 연 5.5%의 이자를 받을 수 없기 때문에 만기까지 신경을 써야 한다.

그럼에도 누구나 하나쯤 있는 카카오뱅크의 계좌를 통해 편리하게 가입할 수 있고, 비교적 높은 이자율도 장점이다. 또한 자주 프로모션을 하는 편인데 적금 만기 시에 기프티콘이나 쿠폰 등 혜택들을 함께 받을 수 있어서 꽤 재미있게 할 수 있다. 또 1인당 30개까지 계좌를 개설할 수 있어서 매월 새롭게 가입해 '적금 풍차돌리기' 형태로도 활용하는 상품이다.

쉬운 이자 계산 방법과 보다 더 많은 이자를 받는 팁

대부분 예적금 이자는 약정된 기간이 끝난 이후, 만기일에 원금과 함께 받게 된다. 특수한 경우가 아니라면 15.4%의 이자소득세를 제하고 받게 되기 때문에 실수령액은 그보다 조금 더 적을 것이다. 이 역시 '네이버 이자 계산기'를 통하면 쉽게 계산해볼 수 있다. 납입 금액과 약정 금리, 기간을 입력하면 실제로 만기에 내가 세후에 받게 되는 이자를 확인할 수 있다.

참고로 적금 납입일이 정해져 있지 않은 **자유적립식이라면 매월 1일에 납입하길 추천한다.** 며칠이라도 예치하는 기간이 길어지기 때문에 좀 더 많은 이자를 받을 수 있어서다. 특히 장기 적금이라면 만기 시에 그 차이가 꽤 쏠쏠할 수 있다.

기본적으로 예금과 적금은 표면적인 금리가 똑같아도 받

네이버 이자 계산기 예시

금융 계산기   용어 설명 ⬤

예금 적금 대출 LTV DTI DSR 중도상환수수료

┌───┐
│ **예금 계산기** │
│ 일정 금액을 한번에 납입하는 정기예금입니다. 원하시는 계산 방식을 선택해 주세요. │
└───┘

예치금액   0 원

예금기간   [년] [월]   0 년

연이자율   [단리] [월복리]   0 %

이자과세   [일반과세   ]   [비과세   ]   [세금우대   ]

[↻ 초기화]   [계산하기   ]

는 이자 차이가 크다. 예금은 한 번에 예치해서 매달 동일한 이자를 받는 반면 적금은 매월 나눠서 납입하는 형태라 상대적으로 받는 이자가 적을 수밖에 없다. 예를 들어, 월 100만 원씩 납부하는 적금 연 4%와 일시에 1,200만 원을 예치하는 예금 연 4% 이자를 비교해 보자. 적금 이자는 세전 26만 원, 예금 이자는 세전 48만 원으로 약 24만 원의 이자 차이가 발생한다. 그렇기 때문에 예금과 적금의 금리를 비교하는 것은 아무 의미가 없는 일이다. 실제로 적금은 훨씬 더 높은 금리로 가입도 가능하기도 하다.

일반적으로 목돈이 있다면 당연히 금리가 낮아도 예금이

더 많은 이자를 받게 된다. 하지만 액수가 크지 않다면 예금 대신 파킹통장에 예치한 후 특판 적금에 나눠서 넣는 편이 더 많은 이자를 받는 방법이 될 수 있다. 예를 들어, 연 3.0% 파킹통장에서 1,200만 원을 예치하고, 매월 100만 원씩 연 5% 적금에 이체한다고 생각해보자. 파킹통장은 세전 18만 원의 이자를 받고, 적금 이자는 32만 5,000원으로 합하면 50만 5,000원으로 예금보다 더 많은 이자를 받게 된다. 좀 더 높은 연 7% 적금 특판에 나눠서 예치한다면 이자는 45만 5,000원으로 합산하면 63만 5,000원이 된다. 때문에 목돈의 액수에 따라 적금과 파킹통장을 잘 활용하는 것도 방법이 될 것이다.

또 조금 더 많은 이자를 받을 수 있는 방법 중 하나가 바로 '복리식' 상품을 이용하는 것이다. 일반적으로 만기에 이자를

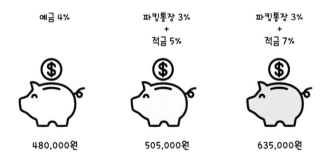

예금 vs 파킹통장+적금 이자 비교 예시

1,200만 원의 목돈, 어디에 예치할까?(세전 이자)

예금 4%	파킹통장 3% + 적금 5%	파킹통장 3% + 적금 7%
480,000원	505,000원	635,000원

한 번에 받는 계산 방식을 '단리'라고 하는데, 대부분 상품이 이에 해당된다. 하지만 종종 '월 복리' '연 복리'라고 표기되어 있는 상품도 있다. 단리식에 비해 같은 금액을 납입하고도 좀 더 많은 이자를 받을 수 있는 상품들이다. 그 이유는 이자를 만기가 되기 전에 매월 혹은 12개월마다 지급하기 때문에 이자가 재예치 되는 복리 효과가 있기 때문이다. 이자를 매월 지급하면 월 복리, 12개월마다 지급하면 연 복리 상품이다. 따라서 동일한 금리라면 당연히 단리식보다는 복리식 상품이 더 좋다.

예를 들어, 1,000만 원을 12개월간 예치하는 4% 예금이 있다고 가정해보자. 단리식이라면 만기 후 세전 40만 원의 이자를 받게 된다. 연 수익률은 동일하게 4%가 된다. 하지만 복리식이라면 만기 후 세전 40만 7,415원의 이자가 되니 조금 더 높은 연 4.07 %의 수익률이 되는 셈이다. 소소한 차이라고 느껴질

단리식 예금과 복리식 예금의 이자 및 수익률 차이

12개월 연 4% 예금에 1,000만 원을 예치한다면 이자는?

단리식
'원금'에 대한 이자

복리식
'원금+이자'에 대한 이자

세전 이자 400,000원
수익률 연 4%

세전 이자 407,415원
수익률 연 4.07%

수 있겠지만 예치 금액이 커질수록 이자 차이는 더 클 것이다.

또 일부 복리식 상품은 이자를 재예치 하지 않고, 바로 지급해주는 '월 지급 복리식' 상품도 있다. 보통 2금융권 저축은행에서 볼 수 있는 형태인데 이자를 만기까지 기다리지 않고 바로 받아서 사용할 수 있다는 장점이 있다. 다만 이 경우에는 단리식에 비해 약정 금리가 종종 더 낮은 경우도 있기 때문에 가입 전 잘 체크하자.

저율과세
예적금 활용하기

새마을금고와 신협은 어떤 은행?

1,2금융권 은행만으로 이자가 아쉽다면 '상호금융기관'을 활용하는 것도 좋은 방법이다. 상호금융기관이란 중앙은행법에 따르는 은행이 아닌 단위조합을 통해 예금과 대출을 하는 금융기관으로 보통 2금융권으로 분류한다. 우리가 자주 보는 새마을금고나 신협, 농협 그리고 수협 등도 이에 해당된다. 보통 2금융권 저축은행보다도 좀 더 높은 이자를 받을 수 있고, 3,000만 원 한도까지 저율과세 혜택도 볼 수 있다. 예금자보호법이 적용되는 것은 아니지만 새마을금고 및 신협도 각각 중앙

회의 제도 아래, 법인별로 1인당 5,000만 원까지 예금자보호 대상이 된다.

사실 최근에 새마을금고 부실 등에 대한 이슈가 뉴스에서 종종 언급되곤 했다. 일반 은행과 달리 여러 개의 지점이 모여서 법인이 되고, 각 법인별로 별도로 관리되는 터라 부실 지점이 있을 수 있다. 물론 모든 법인별로 1인당 5,000만 원까지 원금과 소정의 이자를 보호한다는 면에서는 안심할 수 있지만, 굳이 부실지점에 예치할 필요는 없을 것이다. 이에 관해 체크해 보고 싶다면 새마을금고 혹은 신협의 홈페이지에 들어가서 '전자공시'를 통해 나의 소중한 돈을 예치할 만한 곳인지 확인해 볼 수 있다.

새마을금고 전자공시 예시

31. 경영실태평가		
평가기관	평가기준월	종합등급
새마을금고	20240630	1

※ 주> 평가결과: 경영실태평가결과에 따른 등급

25~29. 경영지표

(단위:백만원, %)

	구분	당기(2024년(306월))	전기(2023년12월)	증감
25. 자본적정성	위험가중자산대비자기자본비율	370.35	296.57	73.78
25. 자본적정성	순자본비율	31.24	29.38	1.86
25. 자본적정성	단순자기자본비율	31.18	29.31	1.87
26. 자산건전성	손실위험도가중여신비율	0.33	0.19	0.14
26. 자산건전성	순고정이하여신비율	0	0	0
26. 자산건전성	연체대출금비율	0	0	0
27. 유동성	유동성비율	501.26	303.39	197.87
27. 유동성	고정자산비율	0.09	0.12	-0.03

자료: 새마을금고

새마을금고를 예시로 보면 대표적으로 경영등급을 보면 된다. 1등급 우수부터 5등급 위험으로 분류되는데 보수적으로 2등급 이상이면 양호한 수준이라고 생각할 수 있다. 그리고 자본적정성을 평가하는 안정성(BIS)은 6% 이상, 자산 건전성(NPL) 7% 이하, 유동성 80% 이상을 안전하다고 평가한다. 물론 실제로 공시자료는 6개월에서 1년 정도 시차가 있기 때문에 현재와 똑같을 수는 없겠지만 평균 이하의 지점들은 패스하면 좀 더 안전하게 내 자산을 지키는 투자를 할 수 있다.

더 높은 금리 비교하는 법

보통 우리가 자주 가는 시중 은행은 동일한 상품이라면 어떤 지점에 방문해도 예적금 금리는 같다. 하지만 상호금융권의 새마을금고 및 신협은 몇 개의 지점이 모여 '법인별'로 운영되는 형태라 서로 약간의 차이가 있다. 상품명이 동일해도 법인별로, 지점별로 금리가 각각 달라 비교하는 게 약간 더 귀찮은 것도 사실이다.

그래서 보통 전체적으로 금리를 한눈에 비교하고 싶을 때 마이뱅크 어플을 참고하는 편이다. 1금융권 은행과 2금융권 저축은행 그리고 새마을금고, 신협의 6개월, 12개월, 24개월, 36개월 금리를 비교해서 한 눈에 확인할 수 있다. 실시간 자료

마이뱅크 금리비교 예시

순위	쇼케팅	12개월	세전이자	세후이자	24개월	36개월	금융기관	상품	UPDATE
1	-	3.95	395,000원	334,170원	-	-	MG 신도	MG더뱅킹정기예…	09.06
2	2.30	3.92	392,000원	331,632원	3.00	3.00	바로저축은행	정기예금	09.02
3	-	3.92	392,000원	331,632원	-	-	상상인플러…	회전정기예금	08.27
4	2.30	3.92	392,000원	331,632원	3.00	3.00	바로저축은행	스마트정기예금	09.02
5	2.30	3.92	392,000원	331,632원	3.00	3.00	바로저축은행	SB톡톡 정기예금	09.02
6	-	3.92	392,000원	331,632원	-	-	상상인플러…	회전E-정기예금	08.27
7	-	3.92	392,000원	331,632원	-	-	상상인플러…	회전정기예금	08.27
8	-	3.92	392,000원	331,632원	-	-	상상인플러…	크크크 회전정기…	08.27

자료: 마이뱅크

는 아니라서 실제와 차이는 있을 수 있지만 한 눈에 비교할 수 있다는 장점이 있다.

이보다 조금 더 정확한 금리를 확인하기 위해서는 새마을금고 혹은 신협의 어플에서 직접 확인하는 것이다. 높은 지점과 내 주변 지점의 금리 등을 하나씩 눌러서 확인해 볼 수 있다. 하지만 특판의 경우에는 조기에 마감되는 경우가 많고, 내방해야 하는 경우도 있기에 이 또한 실시간 반영까지는 아니다. 조금 번거롭기는 해도 직접 방문하거나 전화로 확인하는 것이 가장 정확하다.

3,000만 원 조합원 저율과세 혜택 활용하기

사실 상호금융기관을 택하는 또 다른 이유는 조합원에게만 해당되는 '세금우대 혜택' 때문이다. 앞서 말한 것처럼 일반적으로 모든 은행 예적금은 만기 후 수령할 때 원금과 함께 15.4%의 세금을 떼고 받기에 생각보다 이자가 적다고 느끼기 마련이다. 하지만 새마을금고, 신협에서는 조합원(회원)으로 가입을 하게 되면 1인당 3,000만 원 한도까지 '저율과세'가 적용된다. 이는 전 금융기관을 합산한 한도이며, 15.4%보다 훨씬 낮은 1.4%만 과세 대상이 된다.

예를 들어, 1년 만기 연 4% 예금에 1천만 원을 납입한다고 가정해보자. 세전 이자는 40만 원이다. 그리고 여기에 15.4% 일반과세를 하게 되면 약 6만 1,600원의 세금을 제외하고 받게 된다. 하지만 1.4% 세금우대 혜택을 받으면 5,600원만 제하고, 이자를 수령하게 된다. 거의 연 4.7% 일반 과세 예금에 가입한 것과 비슷한 효과가 되기 때문에 1인당 한도까지는 꽉 채워서 활용하면 좋다.

참고로 종종 예적금 상품설명서에서 볼 수 있는 '비과세종합저축'는 1인당 5,000만 원 한도까지 이자가 전부 비과세 혜택을 받을 수 있는데 이는 저율과세와 별개의 한도로 적용된다. '만 65세 이상이거나 장애인, 국가유공자와 그 가족, 상이자,

15.4% 일반과세 vs 1.4% 저율과세 이자 비교

예치금 1,000만 원을 1년 동안
연 이율 4%로 저축하면

총 1,033만 8,400원을 수령하실 수 있습니다.

원금합계	10,000,000원
세전이자	400,000원
이자과세(15.4%)	-61,600원
단리 4%, 일반과세 기준	
세후 수령액	10,338,400원

예치금 1,000만 원을 1년 동안
연 이율 4%로 저축하면

총 1,039만 4,400원을 수령하실 수 있습니다.

원금합계	10,000,000원
세전이자	400,000원
이자과세(1.4%)	-5,600원
단리 4%, 세금우대 기준	
세후 수령액	10,394,400원

자료: 네이버 이자계산기

기초생활 수급권자, 고엽제후유의증환자 및 5·18민주화운동 부상자 등 일부만 대상이 되니 혼동하지 말자.

새마을금고의 경우에는 주거지 혹은 근무지 주변 금고에서만 조합원(회원)으로 가입이 가능하고, 해당 금고의 저율과세 상품만을 이용할 수 있다. 반면 신협은 조합원이 되면 전국의 모든 신협의 준조합원 자격이 주어진다. 그래서 대부분 신협의 저율과세 상품을 가입할 수 있다는 장점이 있지만 대체적으로 새마을금고보다 이자율이 약간 더 낮은 편이다.

조합원 가입을 위해서는 필수적으로 '출자금 통장'을 개설해야 한다. 해당 지점에 직접 투자하는 계좌로 쉽게 말해 하나의 공동체가 되어 자금을 모아 운용하는 계좌를 말한다. 최소 '1좌'를 납입해야 하는데 1좌는 보통 5만 원 내외 수준이다. 사실 가입을 위한 예치는 소액이고, 대부분의 경우에는 추후 조합원 탈퇴 시에 돌려받기 때문에 걱정하지 않아도 된다.

물론 원한다면 더 큰 금액을 넣을 수도 있다. 매년 지점 성과에 따라 배당금을 지급하게 되는데 새마을금고는 2023년 평균 출자배당률은 4.4%다. 2022년 4.9%, 2021년 3.3%, 2020년 2.9%로 조합원에게는 1,000만 원 비과세가 적용되는 혜택이 있다. 단, 출자금은 예금자보호가 되지 않기 때문에 큰 금액을 예치하는 건 절대 금물이다. 또 중도인출이 되지 않고, 전액 해지만 가능해서 다소 까다로운 계좌다. 해지한다고 해도 바로 돌려받는 게 아니라 다음해 2월, 사업성과와 배당률이 결정된 후 받을 수 있기에 신중해야 하니 참고하자.

2030을 위한
청년 적금 지원금

　　최근에는 청년들의 목돈 모으기를 지원하기 위해 굉장히
많은 정책들이 나오고 있다. 특히 정부 혹은 지자체에서 만들
어진 상품들은 일부 금액을 납입하면 은행 이자와 별개로 기
여금을 적립해주기도 한다. 이외에도 은행에서 자체적으로 청
년들을 위한 고금리 특판을 여럿 만들고 있어서 잘만 활용하
면 유용한 제도가 꽤 많다.

5년제 적금, 5,000만 원 목돈 모으는 청년도약계좌

　　먼저 가장 많이 알려진 '청년도약계좌'가 있다. 2022년 청년

청년도약계좌 정부기여금 및 만기 후 예상이자

소득 기준	금리 최고	금리 최저	월 납입 금액	①원금	②정부기여금 원금	②정부기여금 최대 이자 (3.8-4.5%)	③은행 이자 (5.5-6.0%)	최고 수령액
2,400만 원↓	6.00%	5.00%	40만 원	24,000,000	1,440,000	164,700	3,660,000	29,264,700
			50만 원	30,000,000	1,620,000	185,288	4,575,000	36,380,288
			60만 원	36,000,000	1,800,000	205,875	5,490,000	43,495,875
			70만 원	42,000,000	1,980,000	226,462	6,405,000	50,611,462
3,600만 원↓			50만 원	30,000,000	1,380,000	157,838	4,193,750	35,731,588
			60만 원	36,000,000	1,560,000	178,425	5,032,500	42,770,925
		3.80%	70만 원	42,000,000	1,644,000	188,032	5,871,250	49,703,282
4,800만 원↓	5.50%	- 4.50%	60만 원	36,000,000	1,332,000	150,975	5,032,500	42,515,475
			70만 원	42,000,000	1,512,000	172,935	5,871,250	49,556,185
6,000만 원↓			70만 원	42,000,000	1,260,000	144,112	5,871,250	49,275,362
7,500만 원↓			70만 원	42,000,000	-	-	5,871,250	47,871,250

참고1) 매년 소득에 따라 매칭기여금은 변경되며, 3년 후 기본금리는 변동금리로 전환됨
참고2) 자유적립식으로 원하는 금액만큼 납입할 수 있으며, 기여금은 3-6%가 매칭됨
참고3) 개정 내용에 따라 정부기여금 및 정부기여금 이자, 은행 이자 등은 변동될 수 있음

자료: 찐주부J 생활금융 블로그

희망적금 사업이 종료되고, 2023년에 새롭게 나온 5년제 적금이다. 만 19세에서 34세 이하의 청년을 대상으로 하며, 병역이행 기간 최대 6년까지 빼고 계산하면 된다. 개인 소득 기준으로 총 급여액 7,500만 원 이하, 종합소득 6,300만 원 이하이면서 가구소득 중위 250%를 충족한다면 계좌를 개설할 수 있다.

기본 연 4.5%에 우대 조건을 충족하면 최고 연 6.0% 은행 이자를 받을 수 있으며, 매월 최고 70만 원까지 납입할 수 있는 적금이다. 혜택으로는 이자가 전액 비과세고, 소득에 따라 납입 금액의 3-6% 정부기여금을 추가로 받을 수 있다는 것이 가장

큰 특징이다. 즉, 일반적으로 연 9% 수준의 적금에 해당된다.

청년들을 위한 꽤 괜찮은 정책이지만 과연 계좌를 5년이나 유지해야 한다는 점은 충분히 고민되는 지점이다. 사실 5년이면 시중은행에는 없는 초장기 적금인데, 중도에 해지하면 이자가 터무니없이 줄어들기 때문이다. 대신 청년도약계좌는 3년이 지난 이후에 해지하게 되면 연 3.8-4.5% 비과세 이자와 60%에 해당하는 정부기여금을 받을 수 있도록 했다. 또 생애최초 주택구입, 퇴직, 해외이주, 혼인, 출산 등은 특별사유에 포함되어 언제 해지해도 비과세 이자와 정부기여금을 예치한 만큼 계산하여 받을 수 있으니 참고하자.

10만 원 납입하고, 최대 30만 원 지원받는 청년내일저축계좌

매년 5월에 신청할 수 있는 '청년내일저축계좌'도 있다. 이때 소득에 따라 두 개의 그룹으로 나뉘는데 조건도 조금씩 다르다. 먼저 '차상위 이하' 그룹은 만 15세 이상부터 만 39세 이하까지 해당하며, 소득기준은 최소 월 10만 원 이상, 가구소득은 기준 중위소득 50% 이하에 해당한다. '차상위 초과' 그룹은 만 19세 이상 만 34세 이하로 소득은 월 50만 원 초과, 월 230만 원 이하이면서 가구 기준 중위소득 50% 초과, 100% 이하라면 대상이 된다.

3년제 적금으로 매월 10만 원에서 50만 원 사이로 원하는 만큼을 납입하면 된다. 역시나 은행 이자와 별도로 본인적립금에 따라 정부지원금을 정액 매칭해준다. '차상위 이하' 그룹에 속한다면 매월 30만 원이 매칭되고, '차상위 초과'그룹에 속한다면 매월 10만 원이 매칭된다. 즉, '차상위 이하'에 속한다면 매월 10만 원 이상을 납입하면 30만 원을 정액 지원해준다는 의미이다. 3년 이후에는 각각 360만 원과 1,080만 원의 정부기여금을 받을 수 있는 셈이다. 이와 별개로 은행 이자는 2024년을 기준으로 기본 2%에 우대 3%를 적용해 5%였으나 매년 다를 수 있으니 확인해야 한다.

내가 사는 지역에서도 청년 적금이 있다고?

정부에서 주도하는 정책 외에도 여러 지역에서 지자체에서 자체적으로 청년적금 사업을 하기도 한다. 대표적으로 서울특별시에서 운영하는 '서울시 희망두배 청년통장'이 있다. 2년 또는 3년간 매월 15만 원을 저축하면, 본인이 낸 금액만큼 적립금을 받을 수 있다. 만약 3년간 매월 15만 원을 저축한다면 원금 540만 원과 적립금 540만 원을 지원받아 총1,080만 원의 목돈을 만들 수 있다. 서울에 거주하면서 나이와 근로 이력 그리고 월 평균 소득을 충족한다면 신청해 볼 수 있다. 매년 5월에 신청 공고가 올라오니 참고하자.

경기도에 사는 청년에게는 '경기도 청년 노동자 통장'이 있다. 본인이 2년간 매달 10만 원을 저축하면 지자체에서 240만 원의 현금과 100만 원의 지역화폐를 지원해준다. 즉 원금 240만 원을 모으고, 340만 원을 지원받아 총 580만 원의 목돈을 만들 수 있는 셈이다. 경기도 거주 청년으로 나이, 근로 유무, 가구 기준 중위소득을 충족한다면 신청이 가능하다. 매년 5-6월에 공고가 올라오는 편이다.

인천광역시에는 매년 4월에 공고가 뜨는 '인천 드림 for 청년통장'이 있다. 3년 동안 월 15만 원을 납입하여 540만 원의 목돈을 만들면 인천시에서 540만 원을 지원해 총 1,080만 원의 목돈을 갖게 된다. 역시나 인천에 거주하는 청년으로 인천 소재 근무지, 나이, 1인 중위소득 등을 충족하면 된다.

그외에도 부산광역시 청년기쁨두배통장, 대전광역시 미래두배 청년통장, 대구광역시 청년희망적금 두배통장, 경남 모다드림 청년통장, 경북 청년근로자 사랑채움사업, 전북 청년 두배적금, 전남 청년 미래적금 등 여러 지역에서 청년들을 위한 적금 제도를 도입하고 있다. 점점 확대가 되고 있는 중이라 본인이 거주하는 지역에서 도입된 청년 적금 제도가 있는지 꼭 확인해 보면 좋겠다.

은행 특판 청년 적금

마지막으로 소득 조건 없이 만 34세, 혹은 만 39세 이하라는 나이 요건만 충족하면 가입할 수 있는 '은행 특판'도 있다. 정부 지원금은 없지만 시중 적금보다는 상대적으로 이자가 높은 경우가 많다. 물론 은행에 따라 우대 이율을 적용 받기 위해 첫 거래, 카드 실적, 주택청약 가입 등 자체적인 조건을 충족해야 하지만 꽤 쏠쏠한 상품도 많다. 다만 특판 특성상 한도가 소진되면 가입이 종료되기 때문에 꾸준히 관심 갖고 있으면 좋다. 네이버에 '청년적금'을 검색하면 어렵지 않게 금리가 높은 순으로 상품을 비교해 볼 수 있으니 함께 활용길 바란다.

청년 적금 은행 특판 예시

자료: 네이버 예적금 금리정보

PART 4

N년차 직장인, 한 발 더 나가는 세테크·재테크

세테크의 시작,
연말정산

13월의 월급, 연말정산이란

앞에서 살펴본 것처럼 우리의 월급에서는 생각보다 근로소득세가 많이 빠져나간다. 이때, 소득에 따른 '간이세액표'에 따라 일단 세금을 내기 때문에 이후에 다시 한 번 정산하는 과정이 필요하다. 1년간 낸 세금을 모두 합산한 후 공제 받을 수 있는 항목을 모두 제외하고, 최종 세액을 결정하는 것이다.

그래서 직장인들이 13월의 월급이라고 불리는 연말정산은 1년간 총 근로소득에 대한 납부세액을 확정하고 정산하는 것을 의미한다. 보통 1월에 산출을 하고, 2월이나 3월 월급에 반영된다. 최종 세액이 이미 낸 세금보다 적다면 더 내게 되고, 이미 낸 세금이 더 많다면 환급으로 돌려받게 되는 것이다. 프리랜서나 사업자라면 매년 5월에 종합소득세 신고를 통해 연말정산을 하게 된다.

소득은 결정되는 것이라 어쩔 수 없지만 **공제는 스스로 어떻게 챙기냐에 따라 '절세'가 가능해진다.** 사실 처음 직장생활을 하는 사람들 중 상당수는 아마 국세청 간소화 자료에 있는 그대로 다운받아 항목을 잘 살펴보지 않고 연말정산을 할 것이다. 하지만 조금이라도 더 많이 돌려받고 싶은 게 인지상정이고, 연차가 쌓이면서 점점 더 꼼꼼히 살펴보고 싶어진다.

투자만 돈을 벌어다 주는 게 아니다. 의무적으로 내야 할 세금을 줄이는 것도 상황에 따라서는 제법 큰 액수를 아낄 수 있다. 연말정산은 매년 돌아오고 누구도 피할 수 없다. 그런 만큼 사회초년생일 때부터 관심을 가지면 좋다. 만약 직장 생활 N년 동안 여태까지 기계적인 연말정산을 해왔다면, 지금이라도 늦지 않았으니 하나씩 줄여보자.

세율은 월급이 아닌 '과세표준'으로 계산된다?

알다시피 세금은 나의 수입에서 일정 비율을 내는 것이다. 우리나라에서는 돈을 더 많이 버는 사람일수록 더 높은 비율을 매기고, 적게 벌수록 더 낮은 비율을 매긴다. 즉, 특정 소득 구간마다 적용되는 세율이 달라진다. 적게는 6%부터 많게는 45%까지 부과될 수 있다. 때문에 고소득자가 버는 돈의 절반을 세금으로 낸다는 말이 거짓은 아닌 것이다.

이러한 개념을 근로소득세율의 '과세표준'이라고 한다. 이는 직장인들은 본인의 월급에서 비과세 소득인 식대, 차량운전보조금, 육아휴직 급여, 출산/보육수당 등 일부를 제외한 대부분을 의미한다. 어렵게 느껴지는 이 개념을 꼭 이해해야 하는 이유는 절세의 시작이기 때문이다. 예를 들어, 과세 표준이 5,500만 원인 직장인을 생각해 보자. 아래 표에서와 같이 1,400만 원까지는 6%, 1,400만-5,000만 까지는 15%의 세율이 적용되지만 나머지 500만 원은 24%가 적용된다. 즉, 624만 원+120만 원(500만 원×24%)=744만 원의 세액이 된다.

2024년 귀속 근로소득세율 과세표준

과세표준	세율	기본세율(속산표)
1,400만 원 이하	6%	과세표준의 6%
1,400만 원-5,000만 원 이하	15%	(과세표준×15%) -126만 원
5,000만 원-8,800만 원 이하	24%	(과세표준×24%) -576만 원
8,800만 원-1.5억 원 이하	35%	(과세표준×35%) -1,544만 원
1.5억 원-3억 원 이하	38%	(과세표준×38%) -1,994만 원
3억 원-5억 원 이하	40%	(과세표준×40%) -2,594만 원
5억 원-10억 원 이하	42%	(과세표준×42%) -3,594만 원
10억 원 초과	45%	(과세표준×45%) -6,594만 원

자료: 국세청

만약 과세표준 500만 원을 낮출 수 있디면 24%의 세율이 적용되는 120만 원의 세액을 줄일 수 있다. 그리고 이러한 과세표준을 낮출 수 있는 방법이 바로 소득공제다.

소득공제와 세액공제가 헷갈린다면

세금을 공제 받는다는 것은 내야 할 세금을 줄여준다는 뜻이다. 우리가 자주 듣는 **소득공제는 나의 소득을 그만큼 덜 번 셈 쳐주는 것**을 의미한다. 즉, 앞서 말했던 과세표준에서 소득공제 된 금액만큼을 제외하는 것을 말한다. 소득공제가 잘 적용되면 세율 구간이 달라질 수도 있다. 우리가 열심히 현금영수증을 등록하는 이유이기도 하다. 사실 카드 사용, 현금영수증 외에도 소득공제를 받을 수 있는 항목이 꽤 많은데 뒷장에서 차근차근 살펴보자.

반대로 '세액공제'는 산출된 세액을 그대로 감면해주는 것을 말한다. 때문에 보여지는 금액을 그대로 돌려받거나 덜 낸다고 생각하면 된다. 즉, 옆 페이지의 세금 산출 흐름도와 같이 소득공제를 제외하고 과세표준을 통해 계산된 세액에서 세액공제를 적용하는 것이다.

예를 들어 과세표준 5,000만 원 직장인이 있다고 가정해보자. 그에게는 15%의 세율이 적용된다. 그렇에 해서 나온 금액 750만 원에서 누진공제 126만 원을 제외하면 최종적으로 624만 원의 세액이 결정된다. 이때, 100만 원 소득공제가 적용된다고 생각해보자. 15%의 세율이 적용되어 실제로 세금은 15만 원이 줄어들게 되고, 609만 원의 세액이 된다. 반면에 100만 원 세액공제가 적용된다는 것은 624만 원에 100만 원을 그대로 차감하기 때문에 세액은 524만 원이 된다. 생각보다 차이가 큰 것이다.

때문에 같은 금액이라면 세액공제가 훨씬 더 큰 절세 효과가 있는 셈이다. 보통은 아예 항목이 다르지만 월세처럼 종종

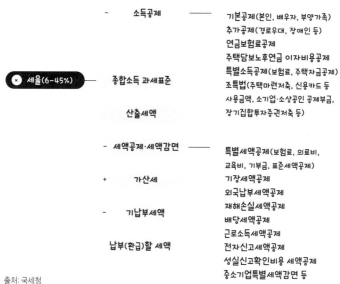

세금 산출 흐름도

−	소득공제 ———	기본공제(본인, 배우자, 부양가족) 추가공제(경로우대, 장애인 등) 연금보험료공제 주택담보노후연금 이자비용공제 특별소득공제(보험료, 주택자금공제) 조특법(주택마련저축, 신용카드 등 사용금액, 소기업·소상공인 공제부금, 장기집합투자증권저축 등)
× 세율(6~45%)	종합소득 과세표준	
	산출세액	
−	세액공제·세액감면 ———	특별세액공제(보험료, 의료비, 교육비, 기부금, 표준세액공제) 기장세액공제 외국납부세액공제 재해손실세액공제 배당세액공제 근로소득세액공제 전자신고세액공제 성실신고확인비용 세액공제 중소기업특별세액감면 등
+	가산세	
−	기납부세액	
	납부(환급)할 세액	

출처: 국세청

소득공제 100만 원, 세액공제 100만 원 절세 금액 비교

과세표준 5,000만 원 직장인

세액

소득공제 100만 원
15만 원 절세 효과

세액공제 100만 원
100만 원 절세 효과

VS

624만 원

609만 원

524만 원

세액공제, 소득공제가 둘 다 적용되어 선택해야 하는 항목들도 있다. 무주택자 등 조건을 갖추기는 까다롭지만, 이런 경우에는 대부분 세액공제가 절세에 유리한 편이다. 물론 소득공제도 세금을 줄여주는 역할을 하지만 연말정산을 앞두고 눈에 띄게 세액을 줄이고 싶다면 세액공제를 받을 수 있는 항목 위주로 우선적으로 살펴보면 좋으니 참고하자.

중소기업 취업자에게만 적용되는 소득세 감면

소득공제, 세액공제와 별개로 중소기업 취업자 중 일부에게 근로소득세의 70-90%까지 감면해 주는 제도도 있다. '중소기업 취업자 소득세 감면' 제도로 중소기업에 취업한 청년, 60세 이상 근로자, 장애인, 경력단절여성의 경우에는 꽤 큰 금

중소기업 취업자 소득세 감면 예시

구분	청년 감면	경력단절여성 감면	감면대상 아님
감면율	90%	70%	-
① 총급여	36,000,000	36,000,000	36,000,000
② 근로소득공제	10,650,000	10,650,000	10,650,000
③ 근로소득금액(-)	25,350,000	25,350,000	25,350,000
④ 인적공제주1)	3,000,000	3,000,000	3,000,000
⑤ 국민연금보험료주2)	1,200,000	1,200,000	1,200,000
⑥ 건강보험료주2)	1,000,000	1,000,000	1,000,000
⑦ 과세표준(③-④-⑤-⑥)	20,150,000	20,150,000	20,150,000
⑧ 산출세액	1,762,500	1,762,500	1,762,500
⑨ 중소기업 취업자 감면세액	**1,586,250**	**1,233,750**	**-**
⑩ 근로소득세액공제주3)	71,600	214,800	716,000
⑪ 표준세액공제	104,650	130,000	130,000
⑫ 결정세액(⑧-⑨-⑩)	-	83,950	916,500
⑬ 기납부세액주4)	682,200	682,200	682,200
⑭ 차가감 납부할 세액	**△682,220**	**△498,250**	**234,300**

주1) 인적공제는 본인과 배우자만 가정 (부녀자 공제 미적용)
주2) 국민연금보험료와 건강보험료는 각 120만 원과 100만 원으로 가정
주3) 716,000(감면적용 전 근로소득 세액공제액) × (1-감면세액/산출세액)
주4) 공제대상 가족의 수가 2인이고 월급여 3백만 원인 경우, 간이세액표에 따른 원천징수 세액 56,850원×
     12월 = 682,200

자료: 국세청

액의 소득세 감면을 적용 받을 수 있다.

먼저 청년은 근로계약 체결일 기준으로 15세에서 34세 이하에 해당되며, 군 복무기간은 최대 6년까지 차감하고 계산한다. 이때, 연령은 최초 신청할 때만 충족하면 된다. 감면 기간은 최대 5년, 90%의 높은 감면율이 적용되며, 최대 연간 200만 원 한도 내에서 적용된다. 60세 이상 고령자, 장애인 및 경력 단절

여성은 최대 3년 70%의 감면율이 적용되며, 역시 200만 원 한도 내에서 감면된다.

신청 방법은 홈택스에서 '중소기업 취업자 소득세 감면' 신청서를 다운로드 받아 재직 중인 회사에 제출하면 된다. 만약 신청하지 못하고 퇴사를 했다면 5년 이내에는 경정청구를 통해 직접 거주지 주변 관할 세무서를 방문해 신청할 수도 있다. 또한 다른 중소기업으로 이직할 때도 옮긴 회사에 재신청을 하게 되면 감면을 이어서 적용 받을 수 있다. 실제로 체감되는 감면 금액 혜택이 큰 편이니 놓치지 말고 꼭 신청하자.

혹시 놓친 공제 혜택이 있다면 경정청구로 돌려받기

중소기업 소득세 감면뿐 아니라 앞으로 다양한 소득공제, 세액공제 항목들을 알아볼 텐데, 만약 내가 해당이 되는데 이전에 신청하지 못한 경우에는 '경정청구'라는 제도를 통해 돌려받을 수 있다. 법정 신고기한 내 세금을 냈지만 부당하게 더 냈거나 잘못 낸 경우, 5년 이내에 신청하면 돌려받을 수 있는 제도를 의미한다. 관할 세무서에 정당하게 청구하는 것으로 충분한 사유로 인정된다면 2개월 내에 세액을 환급 받을 수 있다.

실제로 은퇴 후 소득이 없었던 나의 시아버지께서도 남편의 인적공제 대상으로 등록하지 않았다는 사실을 깨닫고 뒤늦

홈택스-종합소득세 신고-근로소득 신고-경정청구

자료: 홈택스

게 경정청구를 신청하신 적이 있다. 과세연도별로 각각 처리를 해야 해서 다소 귀찮았지만 모두 환급을 받을 수 있었다. 환급도 과세연도별로 각각 이루어지며, 별도로 신청하지 않아도 지방소득세 10%도 함께 환급된다.

절세하는 것도 중요하지만 이미 낸 세금을 돌려받을 수 없는지도 함께 체크해보면 좋겠다. 특히 퇴사 후 아직 이직을 하지 않았거나 연말정산 기간이 지난 경우에는 5월 종합소득세 기간에 개별적으로 신고를 해야 한다. 보통 회사에서 연말정산을 대행해주기 때문에 경험이 없는 직장인들에겐 꽤나 어렵게 느껴질 만한 부분이다. 이 또한 잘 몰라서 하지 못한 경우, 5년이내라면 돌려받을 세액이 있는지 확인해 보자. 경정청구 신청은 온라인 국세청 사이트인 '홈택스'에서 '종합소득세 신고'를 통해 어렵지 않게 할 수 있다.

참고로 최근에는 삼쩜삼 등 여러 세금 환급 플랫폼 서비스가 나오고 있다. 대부분 개인, 법인 사업자를 대상으로 하지만 일부는 개인 종합소득세 신고에서도 도움을 받을 수 있다. 내가 놓친 부분이 있다면 자동으로 찾아주기도 하는데 무료로 조회해볼 수 있어서 한 번쯤 해보는 것도 좋다.

다만 인적공제와 같이 본인이 직접 신고를 해야만 받을 수 있는 것들도 많다. 이는 환급 서비스도 찾아주기 어려운 부분이다. 그래서 내 세금에 대해서는 최대한 스스로 챙겨야 하는 것이다. 하나씩 배워나갈수록 좀 더 절세할 수 있는 방법들이 많아지는 법이다.

소득공제,
카드 사용뿐만이 아니라고?

사실 소득공제라고 하면 대부분 카드 사용 내역이나 현금 영수증을 떠올리기 마련이다. 하지만 이외에도 과세표준을 낮출 수 있는 여러 가지 소득공제 방법이 있다. 참고로 모든 직장인은 본인이 납부한 국민연금 보험료, 건강보험료, 노인장기요양보험료, 고용보험료와 같은 4대 보험료는 자동으로 공제에 포함된다. 물론 공무연연금, 군인연금, 사립학교교직원연금, 별정우체국연금 등 공적 연금보험료도 포함된다.

때문에 계약서에 기재된 내 연봉이 5,000만 원이라고 해서 과세표준도 그대로 5,000만 원으로 결정되는 것은 아니다. 먼저 실제 소득에서 식대, 차량운전보조금, 육아휴직 급여, 출산/

보육수당 등 비과세 소득을 제외한다. 그리고 앞서 말했던 기본 근로자 공제, 국민연금을 포함한 여러 보험료 공제항목들도 제외된다. 이후에 앞으로 하나씩 볼 소득공제 항목까지 제외하고 나서야 최종 과세표준이 결정되는 것이다.

기본 인적 공제 및 추가 공제 대상자 등록 필수!

기본적으로 모든 근로자는 본인에 한해 150만 원이 공제된다. 또한 연간 소득금액 100만 원(근로소득만 있다면 총 급여액 500만 원) 이하인 배우자, 생계를 같이하는 부양가족 한 명당 150만 원이 공제되는 '인적 공제' 제도가 있다. 부양가족은 60세 이상 직계존속, 20세 이하 직계비속, 20세 이하 또는 60세 이상 형제자매, 위탁아동, 수급자가 포함된다. 이때, 기본 공제 대상자로 등록된 부양가족의 신용카드 사용, 의료비 공제 등도 자동으로 함께 합산된다.

인적 공제와 별개로 일부는 '추가 공제 대상자'도 중복으로 적용된다. 먼저 70세 이상 경로 우대자는 100만 원, 장애인 200만 원, 부녀자 50만 원, 한부모 100만 원이 공제 대상이 된다. 이때, 부녀자는 종합소득금액 3,000만 원 이하로 배우자가 있는 여성이라면 해당된다. 또한 배우자가 없는 여성 중 기본 공제 대상자인 부양가족이 있는 세대주인 경우에도 해당된다.

단, 부녀자 및 한부모 공제는 중복은 불가능하다.

본인 이외의 인적 공제를 적용 받기 위해서는 최초 1회는 홈택스에 등록을 완료해야 한다. 연말정산에 자동으로 포함되는 게 아니기 때문에 직접 챙겨야 한다. 이때, 홈택스에서 진행할 경우 공제 대상자도 직접 로그인을 해 1회는 동의를 해야 한다. 만약 이전에 적용 받지 못했다면 5년까지는 경정청구를 통해 돌려받을 수 있으니 참고하자.

카드 공제는 보다 더 똑똑하게

소득공제에서 가장 챙기기 쉬운 항목이 바로 '신용카드 소득공제'다. 나의 소득 대비 일정 금액 이상을 썼다면 세금을 덜어주는 것으로 신용카드뿐 아니라 체크카드와 직불카드, 지역페이, 현금영수증 등이 모두 포함된다. 아마 정확히 얼마를 써야 하고, 어떤 결제수단이 유용한지 잘 모르는 경우도 많을 것이다. 세금은 알면 알수록 줄일 수 있다.

먼저 **신용카드 소득공제를 적용 받기 위해서는 총 급여액의 25% 초과한 것부터** 시작된다. 총 급여액이란 나의 연간 근로 소득에서 식대, 차량유지비 등 일부 비과세 소득을 제외한 모든 금액을 의미한다. 이는 월급 명세서를 보면 정확히 확인할 수 있다. 즉 총 급여액이 5,000만 원인 직장인이라면 25%인 1,250만 원을 초과한 금액부터 공제가 적용된다는 의미이다. 기준 금액을 초과하지 못한다면 공제가 적용되지 않는다.

만약 25%를 초과해서 쓰게 된다면 결제 수단에 따라 공제가 적용된다. 현금영수증, 체크카드, 직불카드, 지역페이는 사용한 금액의 30%가 적용되고 신용카드는 15%가 적용된다. 이때 결제 순서에 상관없이 모두 합산하여 공제율이 낮은 순서부터 총 급여의 25%에 포함하게 된다.

신용카드 소득공제 한도와 공제율

총급여액	한도	결제수단 및 사용처별	공제율
7,000만 원 이하	300만 원	신용카드	15%
7,000만 원 초과	250만 원	직불·선불카드	30%
		현금영수증	30%

자료: 국세청

그렇기 때문에 혜택이 쏠쏠한 신용카드는 본인의 총 급여액의 25%까지 사용하는 게 가장 좋다. 즉, 앞서 예시로 들었던 총 급여액 5,000만 원 직장인이라면 연간 1,250만 원 정도까지는 혜택이 많은 신용카드를 사용하면 좋다는 의미다. 그리고 나머지는 30% 공제가 적용되는 체크카드, 현금영수증 혹은 지역페이를 사용하면 된다. 개인적으로는 기본 5-10% 할인이 적용되는 지역페이를 선호하는 편이다.

이때 총 급여액 7,000만 원 이하는 300만 원까지, 7,000만 원 초과는 250만 원 한도까지 소득공제가 적용된다. 앞서 말한 것처럼 내가 번 총 급여액에서 최대 300만 원을 '덜 번 셈' 쳐주겠다는 의미이다. 세율 6%가 적용된다면 최대 18만 원의 효과가, 15%라면 최대 45만 원, 24%이라면 최대 72만 원의 세금을 줄이는 효과가 있는 것이다. 예를 들어 총 급여 5,000만 원 직장인이라면 25%인 1,250만 원에서 1,000만 원을 추가로 현금영수증, 체크/직불카드로 사용한다면 최대 공제를 적용받는 셈이다. 15% 세율 구간이 적용되기 때문에 300만 원의 소득공제 효과로 45만 원의 세금을 덜 내거나 돌려받는 것이다.

단 내가 사용한 모든 금액이 소득공제에 적용되는 것은 아니다. 세금과 공과금, 통신비, 인터넷 사용료, 신차 구매, 리스 비용, 해외여행 그리고 면세점 물품 등은 제외되니 참고하자.

소득별 신용카드 소득공제 300만 원과 250만 원의 효과

	소득공제 300만 원의 효과 총 급여 7,000만 원 이하			250만 원 효과 총 급여 7,000만 원 초과
과세 표준	1,400만 원 이하	~5,000만 원 이하	~8,800만 원 이하	~1.5억 원 이하
세율	6%	15%	24%	35%
절세액	최대 18만 원	최대 45만 원	최대 72만 원	최대 87.5만 원

자료: 찐주부J 생활금융 블로그

전통시장, 교통비, 문화비 추가 공제까지 챙기기

만약 총 급여액의 25%를 초과해서 사용했다면 기본공제

250-300만 원 한도와 별개로 추가공제도 적용 받을 수 있다. 이때, 추가공제는 총 급여 7,000만 원 이하라면 300만 원까지, 초과자는 200만 원이 적용된다. 즉, 총 급여 7,000만 원 이하라면 최대 600만 원의 소득공제를 적용 받게 되고, 이는 내가 벌어들인 소득에서 600만 원치에 해당하는 세금을 덜어준다고 생각하면 된다.

먼저 2023년 연말정산 기준으로 전통시장 및 대중교통은 40% 공제율이 적용된다. 총 급여 7,000만 원 이하인 사람은 도서, 신문, 영화관람료, 미술관, 박물관 등 문화비 공제 30%도 포함된다. 항목 구분 없이 소득에 따라 최대 300만 원 혹은 200만 원을 공제받는다. 대중교통은 버스, 지하철, KTX, SRT, 고속버스 등은 포함되지만 택시는 빠진다.

특히 매년 그 비율이 시기에 따라 일부 항목은 50% 혹은 80%까지 상향되기도 한다. 2024년 하반기에는 전통시장에서 쓴 금액에 한해 소득공제율이 기존 40%에서 80%까지 상향하는 법안도 발의되었다. 만약 하반기에 100만 원을 전통시장에서 사용했다면 80%에 해당하는 80만 원이 추가 소득공제 대상 금액에 포함된다는 것이다. 단, 80%를 돌려주는 게 아니라 이 역시 각자의 세율에 따라 6-45%만큼 세금을 줄일 수 있다. 이러한 특별 추가공제는 매년 공제율이 변경될 수 있다.

주택청약 및 전세자금대출/주택담보대출 이자 소득공제

매월 청약 통장에 차곡차곡 납입하는 금액도 소득공제가 적용된다. '주택마련저축 소득공제'는 연 120만 원을 한도로 총급여액 7,000만 원 이하이면서 주택을 소유하지 않은 근로소득자 세대주에 한해 공제가 적용되는 제도다. 이때, 해당 연도에 주택청약종합저축(청년 주택드림 청약통장 포함)에 납입한 금액의 40%가 공제 대상이 되고, 연간 납입액을 기준으로 최대 300만 원 한도까지 적용된다.

또한 근로소득이 있는 무주택 세대의 세대주가 전세 또는 월세 대출을 실행하고, 상환하는 경우에 해당 원리금의 40%를 함께 공제받게 된다. 정확히는 '주택임차차입금 원리금 상환액'이라고 하는데 만약 세대주가 공제를 받지 않는다면 근로소득이 있는 세대원도 가능하다. 이때, '주택마련저축 공제금액'과 한도를 합산하여 400만 원까지 가능하다. 연말정산을 할 때 회사에 주택자금상환 등 증명서, 임대차계약증서 사본 등을 제출하면 공제를 받을 수 있다.

마지막으로 '장기주택저당차입금 이자상환액 공제'가 있다. 쉽게 말해 주택담보대출 이자 소득공제인데, 조건에 해당된다면 이자상환액의 100%가 대상이 된다. 근로소득자 중 1주택을 보유한 세대주에 한해 적용 받을 수 있는데 2024년 1월을 기준으로 한도가 상향되었다. 주택 기준시가 5억 원에서 6억 원 이하, 상환기간 15년 이상도 최대 1,800만 원에서 2,000만 원으로, 10년 이상은 300만 원에서 600만 원까지 가능하다.

소상공인 프리랜서 사업자를 위한 노란우산공제

일반 직장인은 해당되지 않지만 프리랜서와 소기업 및 소상공인에게만 해당되는 '노란우산공제회' 공제도 있다. 프리랜서, 개인 및 법인 사업자들의 퇴직금 개념으로 매월 최소 5만 원이상 100만 원 이하를 납부하는 부금을 의미하며, 만기 후에 원금과 함께 복리 이자를 일시금 혹은 분할금 형태로 수령할 수 있는 제도다. 연평균 매출액 기준으로 10억 원 이하 혹은 최대 120억 원 이하가 대상이 되는데, 이는 업종에 따라 다르다. 다만 120회차 이상 납부해야 하고, 60세 이상 혹은 퇴직, 폐업 시에만 만기 해지가 가능하다는 점은 주의가 필요하다.

이러한 노란우산공제회 납입부금에 대해 최대 연간 500만 원까지 소득공제가 적용된다. 사업 또는 근로소득 금액 4,000만 원 이하는 500만 원, 4,000만 원 초과 1억 원 이하는 300만 원 그리고 1억 원 초과자는 200만 원이 공제된다. 단, 법인 대표자는 총급여 7,000만 원 초과 시에 소득공제가 불가하니 참고하자.

내 세금 그대로 돌려받는
N가지 세액공제

소득공제 항목을 모두 적용하고 나면 과세표준에 의해 세액이 결정되고 이후에 돌려받을 세액한도에 따라 세액공제가 적용된다. 소득공제와 달리 공제금액 자체가 세금에서 빠지는 것으로 이해하면 된다. 당연히 많은 세액공제를 받을수록 연말정산 이후에 내야 할 세금이 줄어들거나 좀 더 많은 금액을 돌려받을 수 있다. 기본적으로 '근로소득 세액공제'는 산출세액 130만 원 이하분 55%, 초과분은 30%가 공제되며, 한도는 총급여액에 따라 최소 20만 원부터 최대 74만 원까지 달라진다. 이외에 적용 받을 수 있는 세액공제에 대해서도 하나씩 보자.

8세 이상의 미성년자 자녀 세액공제

8세 이상의 미성년자 자녀가 있다면 별도의 세액공제를 적용 받을 수 있다. 자녀의 수에 따라 금액이 달라지는데 한 명은 연 15만 원을 공제 받고, 두 명은 35만 원, 세 명 65만 원, 네 명 95만 원, 다섯 명은 125만 원이 공제된다. 또한 이와 별개로 해당 과세 기간에 출산하거나 입양 신고한 자녀가 있다면 첫째 30만 원, 둘째 50만 원, 셋째 이상인 경우에 70만 원이 공제된다. 부부 둘 중 한 사람에게만 적용되는 세액공제로, 인적 소득공제 대상자로 등록한 근로소득자에게 자동으로 적용된다.

기부금 세액공제: 고향사랑기부금은 필수

본인과 기본공제를 적용 받는 부양가족이 납부한 기부금도 세액공제가 적용된다. 일반적으로 굿네이버스나 세이브더칠드런, 월드비전 등과 같은 종교단체 외 기부금은 15% 공제율이 적용된다. 이때 공제 금액 한도는 근로소득금액의 30%까지이며 종교단체는 근로소득금액의 10%까지 적용된다.

특히 10만 원 이하까지는 지방소득세를 포함하는 '고향사랑기부금'은 연말정산에서 100% 환급받을 수 있다. 본인이 거주하는 지역 외에 지자체 지역 단체에 기부하는 것으로 플랫폼에 따라 최대 3만 원 수준의 쏠쏠한 답례품도 함께 받기 때문에 꼭 활용하면 좋은 제도다. 연말에 돌려받을 세액이 남았다고 예상된다면 최소 10만 원은 꼭 하자. 좋은 일에 쓰일 뿐 아니라 한우, 과일 등 여러 답례품도 받으면서 이듬해 2-3월에 10만 원을 그대로 돌려받을 수 있기 때문이다. 10만 원이 초과되는 금액에 대해서도 500만 원까지는 15% 공제가 적용되며, 지방소득세까지 합산하면 16.5%를 돌려받게 된다.

그 외 정치자금, 특례, 우리사주조합 기부금도 한도 내에서 15% 혹은 30%, 40% 공제를 적용 받을 수 있다. 대부분 기부

기부금 세액공제

구분			공제한도		공제요건
기부금	정치자금	10만 원 이하	※공제대상 한도 근로소득 금액 100%		기부금액 100/110 세액공제
		10만 원 초과			기부금액의 15% 세액공제(3천만 원 초과분 25%)
	고향사랑	10만 원 이하	한도 내 전액	500만 원	기부금액의 100/110 세액공제
		10만 원 초과			기부금액의 15% 세액공제
	특례		근로소득의 100%		1천만 원 이하 15%, 1천만 원 초과 30%
	우리 사주		근로소득의 30%		
	일반(종교 외)		근로소득의 30%		
	일반(종교)		근로소득의 10%		
표준세액 공제			연 13만 원		특별소득공제, 특별세액공제, 월세액 세액공제를 신청하지 아니한 경우 ※특별소득공제 등 공제세액이 연 13만 원보다 적은 경우에도 적용

자료: 국세청 2023 연말정산 신고 안내

금 세액공제 항목은 연말정산 간소화 자료에 자동으로 반영되지만 일부 누락되는 경우가 있으니 한 번 더 체크가 필요하다.

월세액 세액공제와 소득공제

총 급여 8,000만 원 이하(종합소득금액 7,000만 원 이하) 근로자 중 무주택 세대의 세대주 및 세대원이라면 월세도 세액공제를 받을 수 있다. 빌라나 아파트, 주거용 오피스텔, 고시원을 포함하여 기준시가 4억 원 이하의 주택에서 본인 명의로 주택을 임차한 경우, 계약증서상 주소지와 주민등록등본상 주소가 일치하면 해당된다.

총 급여 5,500만 원 이하(종합소득금액 4,500만 원 이하)는 월세액의 17%가 공제된다. 총 급여 5,500만 원 초과 8,000만 원 이하(종합소득금액 7,000만 원 초과자 제외)라면 월세액의 15%가

월세액 세액공제

구분	소득기준	공제율	최대 공제 금액	공제 한도
근로 소득	5,500만 원 이하	17%	170만 원	연 1,000만 원
	5,500만 원 초과 -8,000만 원 이하	15%	150만 원	
종합 소득	4,500만 원 이하	17%	170만 원	
	4,500만 원 초과 -7,000만 원 이하	15%	150만 원	

자료: 국세청

공제된다. 이때, 월세액은 연간 1,000만 원 한도까지 공제가 가능하다. 즉, 소득에 따라 최대 150만 원 혹은 170만 원까지 돌려받을 수 있어서 굉장히 쏠쏠하다. 신청은 연말정산을 할 때 회사를 통해 할 수 있고, 임대차계약증서 사본과 계좌이체 영수증 및 월세액 지급 증빙서류를 함께 제출하면 된다.

하지만 무주택자가 아니거나 소득이 이를 초과하여 세액공제를 적용 받을 수 없다면 '월세 소득공제'도 가능하다. 납입한 월세를 현금영수증으로 처리해 주는 것으로 납입한 금액의 30%만큼 소득공제를 받을 수 있다. 급여, 주택 보유 유무, 전입신고 등과 상관없이 가능하다. 물론 공제 금액은 세액공제보다 적겠지만 없는 것보단 낫다고 생각한다.

다만 이것도 현금영수증 처리가 되는 것으로 '신용카드 소득공제'와 한도가 합산된다. 총 급여액 7,000만 원 이하라면 최대 300만 원, 초과자라면 최대 250만 원 공제 한도내에서 적용된다. 번거롭게 집주인에게 요청하지 않아도 홈택스에서도 스스로 이체 내역서 등을 제출하여 신청할 수 있다.

보험료 및 의료비도 공제 대상

근로소득자가 개인적으로 가입한 생명, 상해보험 등 '보장성 보험료'도 세액공제가 적용된다. 과세기간에 납부한 금액의

12% 공제율이 적용되며, 연간 100만 원 한도로 공제되기에 최대 12만 원의 세금을 줄일 수 있다. 장애인 전용 보장성 보험료는 15%가 적용되어 최대 15만 원까지 절세가 가능하다.

또한 근로소득자에 한해 총 급여액의 3%를 초과해 의료비를 지출했다면 초과 분에 대해 15% 세액공제가 적용된다. 만약 총 급여액 5,000만 원 직장인이 해당연도에 200만 원의 의료비를 썼다고 생각해보자. 3%에 해당하는 150만 원을 제외하고, 나머지 50만 원의 15%인 7만 5,000원을 세액공제로 돌려받을 수 있다고 생각하면 된다. 때문에 부부는 소득이 적은 쪽으로 몰아주어야 공제를 최대한 많이 받을 수 있다.

단, 실비보험으로 환급 받은 내역은 세액공제 대상에 포함되지 않으며, 간병인 및 미용, 성형 수술을 위한 비용, 처방받지 않은 건강증진 의약품 구입 비용, 외국 의료기관에서 쓴 비용 역시 제외된다. 대신 시력교정용 안경이나 렌즈는 포함되며, 산후조리원 비용은 1회 200만 원 한도까지 적용된다.

참고로 본인을 포함해 6세 이하, 65세 이상 및 장애인의료비는 한도 없이 15% 세액공제가 적용된다. 미숙아, 선천성 이상아는 20%, 난임 시술비 역시 한도 없이 30% 세액공제를 받을 수 있다. 단, 일반 기본공제 대상자의 의료비는 연 700만 원 한도 내에서 15% 공제율이 적용되니 참고하자.

본인 및 자녀의 교육비까지

근로소득자가 본인과 자녀, 배우자 등 기본공제 대상자를 위해 사용한 교육비의 15%도 세액공제 대상이 된다. 미취학 아동과 초중고등학교에 다니는 자녀는 1명당 연 300만 원 한도, 대학생은 1명당 연 900만 원 한도로 공제 되지만 대학원생은 공제 대상이 아니다. 이때, 장애인 특수교육비는 직계존속을 포함하여 전액이 세액공제 대상이다.

일반적으로 교육비는 수업료, 입학금, 보육비용, 수강료 및 그 밖의 공납금, 급식비, 초중고 교과서 대금, 교복구입비용, 방과후 수업료 및 특별활동비(도서구입비), 현장체험학습, 시험응시 수수료, 입학 전형료 등이 포함된다.

참고로 일반 사설 학원비의 경우에는 미취학아동부터 초등학교 입학연도 1-2월분까지만 세액공제에 포함되며 초중고생들은 제외된다. 대신 초중고생들은 방과후 수업료와 수능 응시료, 대학입학전형료 등은 포함되고 중고등학교의 교복 구입비는 연간 50만 원에 한해 공제 대상이다. 체험 학습비는 연간 30만 원 한도까지 포함된다.

마지막으로 대학교 및 대학원 수업료 그리고 학자금 대출도 공제에 포함되는데 이는 근로자 본인에게만 해당되며, 자녀는 제외되니 혼동하지 않도록 주의하자.

노후대비용 세액공제,
IRP와 연금저축계좌

　마지막으로 '절세의 킥'이라고 할 수 있는 IRP 개인형 퇴직연금과 연금저축계좌가 있다. 대부분 대상자가 추가 절세를 받을 수 있는 세액공제 방법이자 노후대비를 위한 금융상품이기도 하다. 매월 꾸준히 납입해서 투자와 함께 절세를 하는 것이 강점이다. 매년 12월, 연말정산 미리보기를 통해 돌려받을 세액이 남아있다면 일시에 납입하는 것도 좋다. IRP와 연금저축계좌는 유사해 보이지만 납입 한도, 투자 상품, 입출금 가능 유무 등에서 차이가 있기 때문에 비교 후 본인에게 적합한 상품을 선택할 필요가 있다.

IRP 개인형 퇴직연금과 연금저축계좌

　'IRP'는 Individual Retirement Pension의 약자로 '개인형 퇴직연금'을 뜻하는 노후 대비용 절세 계좌다. 퇴사를 한 경험이 있다면 퇴직금을 수령할 때 만들어 봤을 것이다. 최근에는 일부 소규모 회사를 제외하면 퇴직금이 아니라 퇴직연금 형태로 수령하도록 제도가 바뀌었기 때문이다. 하지만 대부분은 IRP계좌로 퇴직금을 받지만 바로 인출했을텐데 이때에는 16.5% 기타소득세를 과세했을 것이다.

　여기에서는 다루려는 절세의 개념에서는 이러한 퇴직금과

IRP 퇴직연금 계좌

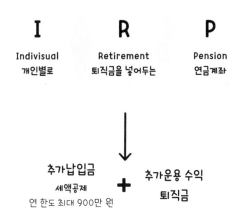

별개로 스스로 노후를 준비하는 '추가 납입'과 관련된 절세를 다루려 한다. 이렇게 계좌에 납입한 금액은 증권사 ETF, 채권, 리츠, ELS, ELB 등 펀드와 은행 예금 등 다양한 금융상품에 투자하여 운용할 수 있다.

단, 특별한 사유 없이는 중도 출금이 불가능하고, 최소 5년 이상 납입한 후 만 55세가 되어야 연금으로 수령할 수 있다는 점에 유의해야 한다. 또한 특별한 사유라고 해도 일부 금액만 해지하는 건 어렵기 때문에 납입한 전액을 동시에 해지해야 한다. 이때 해지 사유가 무주택자의 주택 구입 혹은 전세보증금 부담이라면 16.5%의 기타소득세를 내고, 6개월 이상 요양이 필요한 경우나 파산선고 및 개인회생을 포함해 천재지변으로 인한 사유들은 연금소득세 3.3%-5.5%를 낸 후 수령할 수 있으니 참고하자.

IRP 퇴직연금 계좌와 유사한 노후대비용 절세 계좌로 '연금저축계좌'도 있다. 마찬가지로 만 55세가 되어야 만기 수령이 가능하지만 자유로운 입출금을 할 수 있다는 차이가 있다. 물론 중도에 출금하게 되면 16.5% 기타소득세를 과세하게 되지만 훨씬 부담이 없는 편이다. 또 소득이 있어야 하는 IRP와 달리 소득이 없는 주부 등 누구나 개설이 가능하다. 다만, 상대적으로 투자 가능한 상품들과 납입한도에는 보다 더 제약이 있는 편이다.

연금저축계좌란

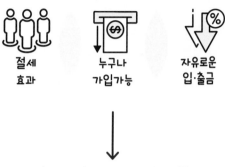

절세
효과

누구나
가입가능

자유로운
입·출금

다양한 펀드 및 ETF로 자유로운 포트폴리오

주식형   주식혼합형   채권혼합형   채권형

납입한도 및 세액공제 얼마까지?

연간 납입한도는 두 가지 계좌를 모두 합산하여 1,800만 원까지 가능하다. 하지만 납입한 금액에 대해 세액공제가 적용되는 한도는 합산하여 연 900만 원까지라 굳이 1,800만 원까지 납입할 필요는 없다. 이때, IRP는 단독으로 900만 원 전액을 납입해도 공제가 적용되지만 연금저축계좌는 단독으로 최대 600만 원까지만 가능하다. 또한 근로소득 1억 2,000만 원 이상 또는 종합소득 1억 원 이상 고소득자는 최대 300만 원 한도까지만 공제가 적용된다.

IRP+연금저축계좌 합산 공제 한도

	총급여	납입한도	공제한도	공제율	최대공제액
근로소득	5,500만 원 이하			16.5%	148.5만 원
종합소득	4,500만 원 이하	1,800만 원	900만 원		
근로소득	5,500만 원 초과			13.2%	118.8만 원
종합소득	4,500만 원 초과				

* IRP 단독 공제한도 900만 원, 연금저축계좌 단독 600만 원까지
* 근로소득 1.2억 원 이상, 종합소득 1억 원 이상 고소득자는 최대 300만 원 한도
자료: 찐주부J의 생활금융 블로그

연간 '납입한 금액'에 대해 연말정산 세액공제가 적용되는 것으로 공제율은 소득에 따라 다르다. 세전 근로소득 5,500만 원 이하 혹은 세후 종합소득 4,500만 원 이하는 16.5%의 공제율이 적용된다. 즉 최대치인 900만 원을 납입했고, 돌려받을 세액 한도가 있다면 최대 148만 5,000원을 그대로 돌려받을 수 있는 셈이다. 세전 근로소득 5,500만 원 혹은 세후 종합소득 4,500만 원 초과자는 13.2%의 공제율을 적용 받게 되는데 최대 공제액은 118만 8,000원으로 약간의 차이가 있다.

꽤 큰 금액을 절세할 수 있는 방법인 만큼 연말에 몰아서 납입하는 것도 방법이다. 매년 11월 연말정산 미리보기를 통해 더 환급 받을 세액 한도가 남아있거나 지나치게 많은 세액을 내야 할 것으로 예상될 때 활용하기에 좋다.

단, 주의할 점은 연금저축계좌도 중도에 해지하면 16.5% 기타소득세를 제하고 수령하게 되기 때문에 특히 13.2%의 공제

율을 적용 받는 소득자들은 조금 더 신중해야 한다. 참고로 만 55세 이후에 만기 수령하게 된다면 3.3-5.5%의 낮은 연금소득세를 내게 된다. 좀 더 정확하게는 만 55세 이상 70세 미만 5.5%, 70세 이상 80세 미만 4.4% 그리고 80세 이상은 3.3%를 부과하게 되니 참고하자.

IRP와 연금저축계좌, 선택의 기준은?

이렇듯 노후대비와 절세를 위한 계좌라는 점에서 유사해 보이지만 두 금융 상품은 꽤 많은 차이가 있다. 현재 나이와 소득 수준, 미래 계획 등에 따라서 적합한 상품과 꾸준히 유지할 수 있는 적절한 납입 금액이 달라질 수 있다.

첫째, 발급 대상에 차이가 있다. IRP는 소득이 있는 근로소득자나 자영업자만을 대상으로 하지만 연금저축계좌는 소득이 없는 학생, 주부 등 누구나 가입할 수 있다.

둘째, 투자 가능한 상품과 포트폴리오가 다르다. IRP는 은행 예금부터 개별 채권, ETF, ELS, ELB, 리츠 등 펀드까지 꽤 다양한 상품을 담을 수 있다. 단, 주식 ETF 등 위험자산으로 분류된 상품은 최대 70%만 담을 수 있고 나머지 30%는 채권, 예금 등 안전자산으로 채워야 한다는 제약이 있다.

반면에 연금저축은 ETF와 전용펀드만 가능하다는 점에서 선택의 폭이 좁은 편이다. 하지만 ETF만 보면 좀 더 다양한 상품에 투자할 수 있다는 특징이 있다. 특히, 현금 형태로 계좌에 들어있어도 세액공제 한도에 포함되기 때문에 성급하게 투자하지 않아도 된다는 장점이 있는 셈이다. 또한 IRP와 달리 비율 제한 없이 원하는 대로 포트폴리오를 구성할 수 있다. 다만 둘 다 국내에 상장된 ETF, 펀드에만 투자할 수 있고 해외 직접 투자는 불가능한 계좌인 것은 아쉬운 점이다.

셋째, 중도인출의 가능 여부다. 앞서 말한 것처럼 IRP는 무주택자의 주택 구입이나 전세보증금 부담, 파산선고, 개인회생, 천재지변과 같은 특수한 사유가 아니라면 중도인출이 불가능하다. 계좌에 납입한 금액을 빼기 위해서는 해지 후 16.5% 기타 소득세를 제외한 후 전액 출금을 해야 한다는 점에서 리스크가 큰 편이다.

반면에 연금저축계좌는 언제든 입출금이 가능한 계좌이다. 물론 16.5%라는 기타소득세 과세는 동일하지만 부담 없이 일부 금액을 뺄 수 있다. 게다가 담보대출도 용이한 편이기 때문에 만기 수령까지 굉장히 긴 기간이 남은 2030세대에게는 좀 더 적합한 계좌라고 생각된다.

ISA 계좌로 시작하는
절세와 투자

ISA 계좌, 아직까지 없다면 지금이라도 당장!

ISA(Individual Savings Account)는 대표적인 절세 계좌로 최근 가장 주목을 받고 있다. 역시나 주식, ETF, 예금 등 여러 가지 금융상품을 이 계좌에서 사고 팔면서 운용할 수 있는 개인 종합자산관리계좌를 의미한다. 19세 이상 대한민국 거주자는 누구나 개설할 수 있으며, 15세 이상에서 19세 미만 사이의 근로자도 가능하다.

앞서 봤던 IRP, 연금저축계좌가 노후대비를 위해 납입금액을 세액공제 받는 것과 달리 **ISA는 수익이 비과세되는 절세 통장이**

다. 내가 상품을 운용해서 만들어낸 수익을 비과세해주는 것이기에 당장 연말정산에서 납입한 금액을 세액공제 받는 것보다는 체감되는 혜택이 적을 수 있다.

하지만 ISA는 운용 목적 자체가 다른 절세 통장으로 생각해야 한다. ISA계좌의 최소 의무보유기간은 3년으로 상대적으로 짧기 때문이다. 또한 원금은 언제든 출금할 수 있고, 수익금만 당장 출금이 불가능한 것이기 때문에 훨씬 더 자유로운 절세 통장이다.

또한 상품을 당장 운용하지 않더라도 개설만 해두면 보유기간을 만족시킬 수 있기 때문에 일단은 만들어두는 것이 좋다. 게다가 연간 납입한도는 2,000만 원, 1인당 최대 1억 원인데 사용하지 않아도 한도는 다음 해로 이월되고, 소득이 낮을수록 비과세 한도가 크기 때문에 일찍 만들수록 유리하다. 참고로 ISA 납입 한도와 절세 한도를 증액하는 법안이 발의되어 있어서 앞으로는 좀 더 많은 금액을 예치하고, 세금을 줄일 수 있다.

개설할 때 설정하는 '만기 기간'은 큰 의미가 없다. 최소 3년만 지나면 언제든 원할 때 해지하면 되기에 대부분 999년으로 설정한다. 또한 최소 보유기간 3년에 대한 부담도 크게 갖기 않아도 된다. 원한다면 언제든 전액 매도 후에 해지하면 되기 때문이다. 별다른 손해 없이 이자는 일반 위탁계좌와 동일하게

15.4% 일반 과세 후 출금하게 된다. 단, 해지 후 새로 개설할 경우에 한도는 다시 2,000만 원부터 시작해야 한다는 점은 주의해야 한다.

ISA 절세효과, 비과세와 저율과세까지

ISA가 일반 계좌와 달리 어떤 절세 혜택이 있는지 좀 더 상세하게 알아보자. 일반적으로 예금, 주식의 배당금, ETF 펀드 등 대부분의 투자 수익금은 15.4%를 과세하고 받게 된다. 그런데 ISA 계좌를 활용하면 수익의 200만 원 혹은 400만 원까지 비과세 혜택을 받게 된다. 이는 소득에 따라서도 다르다. 일반형은 200만 원 한도이며, 농어민형 또는 총 급여 5,000만 원 이하 혹은 종합소득 3,800만 원 이하인 경우가 해당되는 서민형은 400만 원이 한도다.

여기에 비과세 한도를 초과한 수익도 9.9% 저율과세가 적용된다. 특히 분리과세가 적용되기 때문에 종합과세의 걱정도 덜 수 있다는 것도 장점이다. 게다가 수익을 '손익 통산'하여 비과세 한다는 점도 매력적이다. 즉, 투자를 하면서 수익도 발생하겠지만 당연히 손실도 발생할 수 있는데 계좌를 해지하는 시점을 기준으로 발생한 수익에서 손실액을 제외한 금액에 대해서만 이자과세 대상이 되는 것을 말한다. 손익통산 된 수익금에서 일반형 200만 원, 서민형 및 농어민형 400만 원 비과세 한도를 제외한 후 초과분에 대해서 9.9% 저율과세가 적용된다고 생각하면 된다.

실제 예시를 보면 일반계좌와 ISA에서 투자한 후 수익금에 대한 세금을 차이가 얼마나 큰지 확인할 수 있다. 일반 계좌에서는 수익금 600만 원의 15.4%를 그대로 징수하여 92만 4,000원의 세금을 내야 한다. 하지만 ISA 계좌에서는 손익통산 후 300만 원만 과세 대상이 되고, 그 중 200만 원은 비과세 대상이 되고, 나머지 100만 원에 한해 9.9% 저율과세가 적용되어 총 9.9만 원의 세금을 내게 된다. 즉 수익금 300만 원에 대해

ISA 절세 및 손익통산 효과

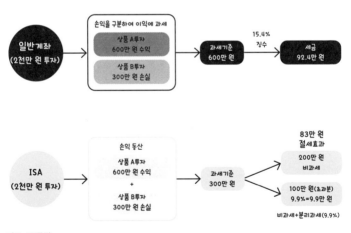

자료 : KB증권

세금 차이는 82만 5,000원으로 굉장히 큰 것이다. 게다가 서민형 대상자라면 전액 비과세되어 세금은 0원이 된다.

마지막으로 ISA 최소 보유기간인 3년 이후에 해지하는 경우, IRP 혹은 연금저축계좌로 이전하게 되면 추가 절세도 가능하다. 1인당 3,000만 원까지 이전이 가능한데 이전한 금액의 10%인 최대 300만 원까지 별도의 세액공제 한도가 부여된다. 세액공제율은 동일하게 소득에 따라 13.2% 혹은 16.5%를 적용하고, 연말정산 혹은 종합소득세 신고 이후에 돌려받을 수 있다. 즉, 매년 세액공제 받을 수 있는 IRP/연금저축 한도인 900만 원과 별개로 300만 원이 적용되는 셈이다. 세액공제 혜택을 받지 않은 2,700만 원은 일시에 별도의 과세 없이 출금하면 된다.

은행과 증권사 중 어디에서 개설할까?

ISA 계좌의 종류는 세 가지가 있으며, 1인당 하나의 계좌만 개설할 수 있다. 물론 개설한 이후에 상품 간 교체도 가능하지만 다소 번거롭기 때문에 충분히 고민 후 개설하는 게 좋다.

먼저 가장 많이 개설하는 증권사의 '중개형'은 유일하게 직접 주식에 투자할 수 있는 상품으로 ETF, ELS 등 펀드도 투자가 가능하다. 앞서 말한 손익 통산의 장점을 잘 활용할 수 있기 때문에 대부분 투자자들이 중개형으로 개설하는 편이다.

그리고 은행에서 개설할 수 있는 '신탁형'은 전용 예금 상품에 가입할 수 있다는 점이 특징이다. 여기에 은행에서 판매하는 일부 ETF, ETN 펀드 등에 투자할 수 있지만 중개형에 비해서는 다소 선택의 폭이 좁은 편이다. 예금자보호가 되는 안전 자산에 투자할 수 있다는 게 가장 큰 장점이지만 연 1회 0.2% 수준의 신탁 보수도 있고, 전용 예금 상품이 한정적이라는 아쉬움이 있다.

마지막으로 은행 또는 증권사에서 만들 수 있는 일임형은 전문가가 대신해서 운용해 주는 것을 말한다. 스스로 투자하기 어려운 사람은 활용해도 좋다. 다만 수수료가 0.1%에서 0.5% 수준으로 꽤 높은 점은 잘 생각해야 한다.

정리하자면 ISA는 증권사 중개형으로 개설하여 투자하고,

ISA 계좌 종류 세 가지

종류	중개형	신탁형	일임형
특징	채권, 주식투자 가능	예금도 필요하다면	전문가가 대신 운용
상품	채권, 국내상장주식, 펀드, ETF, 리츠, 상장형수익증권, 파생 결합증권/사채, ETN, RP형	리츠, ETF, 상장형수익증권, ETN, 펀드, 파생결합증권 / 사채, 예금, RP형	펀드, ETF 등
방법	고객이 직접 투자 상품을 선택		투자전문가가 일임해 운용
보수 / 수수료	투자 상품별 수수료 및 보수	신탁보수 있음	일임수수료 있음

자료: 찐주부J의 생활금융 블로그

예금 상품은 일반 계좌로 특판 상품을 잘 활용하는 것을 추천한다. 무조건 주식, ETF 투자라고 위험한 게 아니다. 안전성이 굉장히 높은 채권, 펀드 상품들도 많으니 참고하자.

어쩔 수 없는 ISA 단점과 주의할 점

ISA 계좌의 수익이 비과세 또는 저율과세 되기 때문에 사실 만들지 않을 이유가 딱히 없어 보인다. 하지만 모든 금융상품이 그렇듯 이 역시 단점도 있다. 미리 알고 있어야 상품을 잘 운용할 수 있고 추후 해지를 할 때도 좀 더 수월하기 때문에 꼭 참고하자.

첫째, 수익을 실현하려면 기본적으로 3년이라는 의무보유기간을 지켜야 한다. 물론 계좌 내에서 재투자는 언제든 가능하지만 수익금을 출금하는 것은 불가능하다는 의다. 물론 원금은 언제든 자유롭게 출금할 수 있지만 일반 계좌와 달리 수익금이 한동안 묶여 있을 수밖에 없다. 또한 원금은 언제든 출금할 수 있다고 해도 ISA의 연간 2,000만 원의 한도는 다시 되살아나지 않기에 주의가 필요하다.

둘째, 해지 시점을 정하는 게 쉽지 않다. 아마 투자자들이 생각하는 가장 큰 단점이 아닐까 싶다. 의무 보유 기간 3년을 채운 뒤 수익을 비과세 받아 출금하기 위해서는 보유한 주식,

펀드 등을 모두 매도해야 하기 때문이다. 예금도 동일하게 만기가 되지 않은 상품이 하나라도 있다면 ISA해지를 미루거나 해당 예금 상품을 중도 해지해야만 한다.

특히 장기 보유하고 싶은 상품이 있다면 해지하기가 망설여지는 것이 사실이다. 때문에 장기 투자에 적합한 상품보다는 최대 5년 미만 정도로 투자 기간을 생각하는 것이 좋다. 물론 수익 실현을 단기간에 하지 않고, 훨씬 더 장기간으로 가져가는 것도 방법이 될 수 있다. 때문에 계좌 개설을 할 때 만기를 999년으로 일단 설정해 두거나 만기일 이전에 연장을 택해도 된다. 또한 최초 개설 시에는 소득이 낮아 서민형에 부합했지만 해지 후 재개설 할 때, 소득이 초과한다면 일반형으로 가입해야 한다는 점도 알아둘 점이다.

마지막으로 해외 상품에 직접 투자는 불가능하다는 점을 유념해야 한다. 최근에는 미국 시장에 상장된 여러 주식과 ETF 등 직접 투자를 하는 경우도 많아졌다. 하지만 ISA에서 해외 상품에 투자하기 위해서는 '국내에 상장된' 주식, ETF등만 해당되기 때문에 경우에 따라서는 아쉬움이 클 수 있다. 이 경우에는 번거로워도 한 계좌로 운용한다는 생각보다는 해외 투자를 위한 계좌는 따로 마련하고, ISA는 국내 상품 투자 용도로 따로 활용하는 것이 좋겠다.

재테크 올바로 알기: 주식과 채권

우리가 투자를 해야 하는 이유

절약과 저축을 통해 목돈도 모아보고, 절세를 통해 불필요한 비용도 아꼈다면 이제는 투자의 영역도 하나씩 경험해 볼 차례다. 그런데 경우에 따라서는 이 단계를 굉장히 어렵게 느끼기도 한다. 집을 사기 위해, 노후를 위해 또는 자녀를 위해 돈은 모으지만 투자는 위험하다며 꺼리기도 한다.

저축은 확정된 이자를 보장받는다면 투자는 불확실성을 수반한 수익률이 발생한다. 때로는 원금 손실의 위험성도 사람들을 망설이게 한다. 하지만 투자는 무조건 위험하다는 생각은 다시 해 볼 필요가 있다.

기본적으로 물가는 매년 상승하기 때문에 상대적으로 돈의 가치는 계속해서 줄어든다. 한국물가정보에 따르면 2023년 기준 평균 6,361원인 짜장면이 1970년에는 100원이었다는 사실을 알면 어떨까? 53년 사이에 무려 63배가 상승했다. 지난 5년 사이만 해도 26.9%가 올랐다. 이렇듯 물가는 우리가 숨만 쉬고 있어도, 시간이 지나면서 자연스럽게 상승한다. 때문에 짜장면을 살 수 있는 가격도 계속 비싸지는 것이다.

만약 열심히 저축한 목돈을 그저 현금으로 1% 미만의 입출금통장에만 넣어둔다면 어떻게 될까? 1,000만 원의 가치는 시간이 지나면서 상대적으로 계속 떨어진다. '안전한' 투자처인 예적금과 같은 저축에만 몰두하게 되면 물가상승률을 따라가

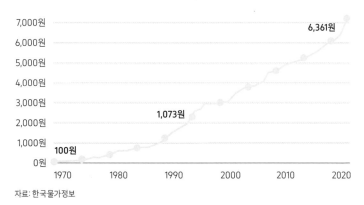

짜장면 가격 추이

자료: 한국물가정보

기도 어려운 것이 현실이다. 물론 써버리는 것보다는 입출금통
장에라도 모아두는 게 좋고, 그보다는 예적금 상품을 활용하
는 게 더 낫지만 그것만으로 자산의 가치를 불려나가기 쉽지
않다는 의미이다.

결국 우리는 **우리의 돈의 가치를 잃지 않기 위해서, 또는 한정된 자
산을 시간의 힘으로 좀 더 불리기 위해서 투자를 해야만 하는 것이다.** 투
자에는 정답이 없다. (물론 오답은 있지만.) 나에게 맞는 투자와
맞지 않는 투자로 나뉜다고들 말한다. 그래서 2030 청년들의
경우에는 저축을 통해 시드를 모아야 한다. 그리고 그렇게 모인
돈이 소액이더라도 다양한 투자를 경험하면서 본인에게 적합
한 포트폴리오를 만들어가는 게 중요하다.

주식 투자, 올바로 이해하기

예전 어른들은 '주식을 하면 3대가 망한다'는 이야기를 하
곤 했다. 우리나라 경제가 급성장하면서 '주식'이라는 개념이
자리잡지 않았을 땐 지금처럼 정확한 지표들을 확인하기 어려
웠다. 그래서 주식은 단기간에 큰 수익을 내려는 투기성 짙은
투자란 인식이 지배적이었다. 이를 가까이서 경험해보셨던 어
른들 중에는 여전히 주식에 회의적인 분들이 있고, 그 자녀들
은 '주식은 절대 손대면 안 돼' 라는 가르침을 받았을 수 있다.

하지만 가계 대출로 부동산을 소유하는 우리나라 가정과 달리 미국의 가정에서는 대부분의 자산을 주식의 형태로 보유하고 있다. 보다 거시적인 관점에서 보면 대표적으로 우리나라의 국민연금만 봐도 언제나 우리 연금의 일부를 주식으로 운용하며 수익률을 내고 있다. 당연히 많은 대기업과 기관 들도 부동산뿐 아니라 주식과 같은 금융자산도 운용하고 있다.

주식은 사전적으로는 회사가 자금을 조달 받기 위해 투자자로부터 돈을 받고 발행하는 증서다. 모든 게 전산화된 지금은 느끼기 힘들지만 예전에는 실제로 종이 형태로 주식을 보유하고 있었다. 회사의 입장에서는 지속적인 성장을 위해서는 사세를 확장하고 연구개발도 하고, 새로운 사업에 도전도 하려면 자금이 필요하기 때문에 이를 기관 혹은 개인으로부터 투자를 받는 형태로 조달 받는 것이다.

우리의 입장에서는 성장가능성이 있는 회사의 '미래 가치'에 투자하는 것이다. 그리고 회사가 발행한 주식을 매수하는 것으로 주주로서 권한을 갖게 된다. 이때 기대한 것처럼 매출도 올라가고, 이익을 잘 만들어내면서 성장하면 원금보다 더 큰돈으로 돌려받게 되는 것이다. 하지만 반대로 기대한 만큼 성장하지 못한다면 원금 손실의 위험이 있고, 최악의 경우에는 회사가 없어지면서 주식이 아예 휴지조각이 될 우려도 없지 않다. 그래서 '주식은 위험하다'는 인식이 생긴 것이다.

하지만 테슬라나 엔비디아가 상장 폐지될 확률이 과연 어느 정도일까? 이런 요소들을 생각하면 답은 정해져 있다. 위험이 아예 없다고는 할 수 없지만, 우리의 자산을 지키고 시간의 힘을 이용해 불려나가기 위해 주식을 공부해 나가야 한다. 즉, 성장가능성이 높은 회사가 현재 가치보다 저평가되어 있다고 판단된다면 매수하고, 충분히 원하는 이익을 만들어냈다고 생각하면 매도하여 시세차익만큼 이익을 보는 것이 주식이다. 또 마치 이자처럼 회사에서 벌어들인 이익의 일부를 분기별 혹은 연간 단위로 돌려주는 배당주식도 있다.

최근에는 주식 거래가 굉장히 손쉬워졌다. 국내 시장인 코스피와 코스닥에 상장된 종목뿐 아니라 해외 주식 거래도 어렵지 않게 실시간으로 가능하다. 새롭게 시장에 상장되는 공모주, 벌어들인 이익의 일부를 주주들에게 돌려주는 배당주, 집중되는 여론을 이용한 테마주 그리고 가치주, 성장주, 경기민감주 등 목적에 따라 다양한 종목에 투자할 수 있다.

사실 워낙 주식이 많아 어떻게 시작해야 좋을지 감이 안 잡힌다는 사람들도 있다. 이제 막 입문하는 초보라면 본인의 관심 분야 혹은 자주 구입하는 소비재 회사 또는 시가총액 TOP10으로 분류된 대기업 위주로 관심을 가져보길 권한다. 처음에는 자주 구입하는 옷, 식품, IT 기기 등과 같은 브랜드 회사의 주식을 1주만 사 보는 것으로 시작해도 좋다. 처음부터 재무제표를 보면서 과연 앞으로 성장할 수 있는 회사인지 분석하기는 어렵지만 신상품이나 마케팅, M&A 소식, 매출액 등 좀 더 친숙하게 접근할 수 있기 때문이다. 흥미가 생기면 좀 더 전문적인 분석과 주식 시장 나아가 전반적인 경기 흐름에도 좀 더 관심을 갖게 될 것이다.

주식의 하락을 방어하는 채권

최근 몇 년 사이, 기준금리가 급격히 올라가면서 채권이 매력적인 투자처로 떠올랐다. 사실 원래 채권 시장은 기관 투자자들이 움직이는 곳이었다. 그래서 개인 투자자들의 시야에는 잘 들어오지 않았는데, 사실은 주식 시장보다도 더 큰 시장이 채권이다. 채권은 주식과 유사하게 자금을 조달하기 위해 투자자로부터 돈을 빌리고, 발행해주는 증서이지만 투자의 관점에서는 반대되는 개념으로 볼 수 있다.

주식은 상환이 예정되어 있지 않고, 투자한 회사와 내가 이익과 손실을 함께한다. 반면 채권은 상환하는 기간이 명시되어 있으며 그 동안 이자도 지급받게 된다. 약속된 날짜마다 이자를 받으면서 만기에 원금을 그대로 받아도 되고, 시장 상황에 따라 만기가 도래하기 전에 채권을 팔아 시세차익까지 누릴 수도 있다는 이점도 있다.

채권이란?

이자를 준다는 관점에서 오히려 투자자에게는 예금과 유사하다고 느껴질 수 있지만 가장 큰 차이점은 상장폐지가 가능한 주식처럼 채권도 원금이 보장되지 않는다는 점이다.

그럼에도 채권을 안전자산이라고 분류하는 이유가 있다. 대한민국과 같은 세계 유수의 경제대국이 망할 가능성은 매우 적다. 그래서 대한민국이 발행한 국채는 시장에서 비교적 안전하다는 평가를 받는 것이다. 이렇게 발행처에 따라 채권은 안전할 수도, 위험할 수도 있다. 가장 안전하다고 분류되는 채권에는 국가가 발행하는 국채가 있고 지방자치단체의 지방채, 한국전력과 같은 공사, 공기업에서 발행하는 특수채 등이 있다. 안정성이 굉장히 높은 채권들이다. 또한 한국은행이나 시중은행, 카드사 등에서 발행하는 금융채 및 일반 주식회사에서 발행하는 회사채로 분류된다.

채권은 주식과 달리 '신용등급표'가 있어서 안전한지, 아닌지를 구분하는 게 좀 더 수월하다. 또한 국내에서 거래되는 채권은 대부분 '투자적격등급'에 속하기 때문에 위험도도 상대적으로 낮은 편이기도 하다. 단, 우리나라가 아닌 개발노상국의 채권이나 정크본드라고 불리는 신용등급이 낮은 채권은 위험성이 높을 수 있으니 주의해야 한다.

채권 신용등급 분류표

국내채권 신용등급 분류표

국내		신용상태	등급내용
	초저위험		국공채, 통안채, 지방채, 보증채
	AAA	최상	원금 지급확실성 최고 수준/투자 위험도가 극히 낮음 / 환경 변화에도 영향을 받지 않을 만큼 안정적임
투자 적격 등급	AA+		
	AA AA	우수	원리금 지급 확실성이 매우 높음 / 투자위험도가 매우 낮음/ AAA등급에 비해 다소 열등한 요소가 있음
	AA-		
	A+		
	A A	양호	원리금 지급 확실성이 높아 투자위험도는 낮음 / 환경 변화에 따라 다소 영향을 받을 가능성이 있음
	A-		
	BBB+		
	BBB BBB	적절	원리금 지급확실성 안정/ 환경 변화로 지급 확실성이 저하될 가능성이 있음
	BBB-		
투자 부적격 등급	BB+		
	BB BB		원리금 지급 확실성에 당면 문제는 없지만 장래의 안정성 면에서는 투기적 요소가 내포되어 있음
	BB-		
	B+	요주의	원리금 지급 확실성이 부족 / 투기적 / 현 시점에서 장래의 안정성 단언할 수 없음
	B B		
	B-		
	CCC		채무불이행이 발생할 가능성 있음 / 매우 투기적임
	CC		채무불이행이 발생할 가능성 높음/ 상위 등급에 비해 불안요소가 더욱 많음
	C	최악	채무불이행이 발생할 가능성 극히 높음 / 현단계에서는 장래 회복될 가능성이 없을 것으로 판단됨
	D		원금 또는 이자가 지급불능 상태에 있음
	최고위험		민평사에서 평가가 안 되는 채권

자료: 찐주부J의 생활금융 블로그

투자의 관점에서 보면 주식이 회사나 시장이 성장하길 기대하고 투자하는 것이라면 반대로 채권은 시장이 위기일 때, 금리가 하락하기를 기다려서 차익을 얻기 위해 투자하는 것이기 때문에 상호보완적인 관계다. 또 위험자산으로 분류되는 주식과 달리 채권은 안전자산으로 분류되기 때문에 대부분의 안정적인 포트폴리오에서는 주식과 채권을 일정한 비율로 필수적으로 함께 유지한다.

채권을 투자하는 방법은 국채를 직접 낙찰 받을 수도 있고, 직접 장내 혹은 장외에서 개별채권을 거래할 수도 있다. 초보자의 경우에는 ETF 형태로 사는 게 가장 간편하지만 이자를 받거나 만기가 있는 게 아닌 펀드이기 때문에 다르게 접근이 필요하다. 채권 본래의 의미대로 투자를 원한다면 증권사가 어느 정도 선별해둔 장외 개별채권부터 시작하면 좋을 듯하다.

chapter 7

안전자산 금/달러 투자와
쉽게 시작하는 ETF

환율 차이를 이용한 달러 투자

국제시장의 표준이 되는 화폐인 달러는 세계의 어떤 화폐보다 안전성이 높기에 채권과 함께 안전자산으로 분류된다. 때문에 위기의 순간에 가장 빛을 발하는 자산이기도 하다.

1997년 외환위기 당시 원달러 환율은 2,000원을 찍었고, 2008년 금융위기 이후에도 1,600원을 돌파한 적이 있다. 이후 코로나19 팬데믹의 영향이 아직 남아있던 2022년에는 미국 고금리 및 레고랜드 사태로 인해 1,400원대를 다시 뚫기도 했다. 여러 위기를 겪으며, 여러 제도적인 장치와 대응으로 환율의 변

원달러 환율 1,400원 돌파 시기

```
2,000원 ┤   1997년
1,800원 ┤   IMF 외환위기                              2022년
                                                     미국 고금리 충격·
1,600원 ┤                          2008년            레고랜드 사태
                                   글로벌 금융위기
1,400원 ┈┼┈┈┈┈┈┈┈┈┈┈┈┈┈┈┈┈┈┈┈┈┈┈┈┈┈┈┈┈┈┈┈┈┈┈
1,200원 ┤
1,000원 ┤
  800원 ┤
        └──────────────┬──────────────────┬──────────────
        1997년         2008년             2022년
```

자료: 한국물가정보

동폭은 줄어들고 있지만 여전히 시장이 위기일 때, 내가 갖고 있는 달러는 꽤 든든한 힘이 되어 준다.

이러한 달러투자를 이해하기 위해서는 먼저 '환율'이라는 개념을 이해해야 한다. 환율은 우리 원화로 1달러를 사기 위해 지불해야 하는 금액을 말한다. 즉, 1달러를 사기 위해 많은 돈이 필요할수록 원화 가치는 떨어진 것이다. 원화 가치가 높아 달러가 상대적으로 쌀 때 사서, 비쌀 때 되팔아 차익을 얻는 것이다. 보통 시장이 혼란스럽거나 경제 위기의 조짐이 보이면 달러의 가격도 오르기 시작한다. 경제에는 사이클이 있기 때문에 이렇게 위기의 순간은 주기적으로 찾아오기 마련이다.

특히나 이러한 **환차익을 이용한 달러 투자는 비과세라는 장점이 있다.** 다만 우리가 달러를 사고 팔 때는 '수수료'가 발생한다. 때문

에 단순히 적은 차익으로 달러를 환전하는 것은 오히려 손해가 될 수 있으니 주의가 필요하다. 기본적으로는 외화통장이라 불리는 입출금 계좌에 예치해도 되고, 외화 예적금, 증권사 달러 RP, 발행어음, ETF 등에 투자할 수도 있다.

최근에는 은행의 환율 우대 경쟁이 치열해지면서 달러의 경우에는 환율 우대 90-100%는 어렵지 않게 받을 수 있다. 때문에 어플에서 환전한 뒤 보관한 후 차익이 발생할 때 파는 방법도 괜찮다. 신한 SOL '모바일금고', 우리WON뱅크 '환전주머니', 하나원큐 '환전지갑', 국민 KB스타뱅킹 '외화머니박스' 등이 있다. 특히 보관할 때 이자를 지급하는 은행도 있고, 각각 수수료, 한도 등의 차이가 있어서 비교 후 활용하면 된다.

참고로 해외 주식과 펀드는 모두 이러한 환율의 영향을 받는다. 내가 보유한 주식이 10% 수익을 냈다고 해도 환율이 폭락하면 손실이 될 수 있다는 것이다. 반대로 달러가 저렴하다고 판단될 때, 미국 주식을 매수하는 것도 수익률을 극대화하거나 손실을 보합할 수 있는 장치가 되기도 한다. 그래서 달러가 비쌀 땐 국내에 상장된 해외 주식, 펀드들 중 환율에 영향을 받지 않고 헷지가 되는 상품을 매수하는 것도 방법이다. 물론 달러가 가장 안정적인 환율 투자 방법이기는 하지만 지금처럼 달러가 비싸다면 최근 800원대까지 떨어졌던 엔화처럼 다른 화폐도 대안이 될 수도 있으니 참고하자.

변하지 않는 가치, 금 투자

앞서 말한 것처럼 모든 현금은 시간이 흐름에 따라 물가가 오르면 자연스럽게 가치가 하락하게 된다. 반면에 금처럼 지구 상에 한정적인 자원은 수요와 공급에 따라 가격이 결정된다. 금은 한정되어 있기 때문에 언제나 공급은 부족하고, 수요는 넘쳐난다. 따라서 희소성이 충분하고 평가한다. 이외에도 은, 구리 등 원료가 되는 자재를 원자재 투자로 구분하는데, 금이 원자재 투자의 표준이라고 보면 된다.

특히 달러는 사람이 찍어내는 화폐이기 때문에 화폐시장이 망가질 수 있다는 위험이 있다. 그렇지만 금은 한정된 원자재

KOSPI와 LBMA 국제금가격

자료: KRX 금시장

자원으로 훨씬 자연스럽게 시장이 움직인다. 때문에 달러보다도 좀 더 장기적인 시장 위기에 대비할 수 있는 안전자산으로 생각하면 좋다. 특히 금 투자는 인플레이션처럼 급격하게 물가가 상승할 때 이를 헷지, 방어해주는 역할도 한다.

때문에 역사적으로도 금융 위기의 시기에 금 가격은 치솟았다. 시장의 수요와 공급 변화에 따라 오르거나 내릴 수는 있겠지만 결국 때문에 장기적으로 길게 봤을 때 우상향하게 된다. 때문에 금은 장기적으로 꾸준히 모아가면 좋다.

여러 방법이 있지만, 투자의 측면에서는 실물 금을 소유하는 것은 손해다. 실물 금을 손에 쥐는 순간 10%의 부가세가 붙을 뿐 아니라 공임비, 수수료 등을 생각하면 금은 자산의 형태로 보유하고 있어야 한다. 때문에 주로 금 펀드 혹은 국내 혹은 해외에 상장된 금 ETF를 매수하는 방식으로 투자한다.

투자가 어렵게 느껴진다면 ETF로 시작하자

그럼에도 초보자들에게는 주식, 채권과 같은 투자가 어렵다고 느껴질 수 있다. 그래서 좀 더 가벼운 마음으로 쉽게 시작하고 싶다면 ETF도 좋은 방법이다. ETF란 Exchange Traded Fund의 약자로 주식시장에서 거래되는 펀드를 말한다. 앞서 봤던 주식, 채권, 달러, 금 등을 좀 더 안전하고, 편리하게 투자할 수 있는 방법으로 국내 시작 규모도 100조 원을 넘을 만큼 성장하고 있다. 특히 투자가 어려운 초보자에게 ETF를 권하는 몇 가지 이유가 있다.

첫째, 무엇보다 상대적으로 쉽기 때문이다. 개별적으로 투자를 하기 위해서는 일일이 상품과 종목을 골라야 하는데 ETF는 펀드매니저가 이를 대신해주고, 상품으로 구성해두기 때문에 좀 더 쉽게 고를 수 있다. 또 앞서 봤던 채권, 달러, 금 등 투자할 때 고려해야 하는 것들이 많은 것들도 상품 매수만으로 쉽게 가능하다.

둘째, 비싼 주식을 소액으로 사면서 분산투자로 위험성도 낮출 수 있다. ETF는 기본적으로 1주의 주식을 잘게 쪼개 여러 개의 주식을 묶어놓은 상품이다. 예를 들면, 1주에 가격이 저마다 다른 삼성전자와 삼성SDI, 삼성생명, 삼성바이오로직스 등을 묶어놓은 'Kodex 삼성그룹' ETF는 1주에 1만 원 미만의 금액으로 살 수 있다. (물론 각 종목별 가격은 보는 시점에 따라 달라질 수 있다.) 가격에 부담도 없을 뿐만 아니라 여러 종목에 자연스럽게 분산투자도 할 수 있기 때문에 더 안전하다.

셋째, 구성내역을 투명하게 확인하고 실시간으로 거래가 가능하다는 점도 그 이유다. 묶음상품인 ETF에 어떤 상품과 비율로 구성되어 있는지 날마다 투명하게 공개된다. 게다가 일반 펀드와 달리 주식처럼 실시간으로 거래할 수 있기 때문에 더 수월한 편이다.

물론 주식과 같이 ETF도 상장폐지가 될 수 있고, 운용수수료가 발생한다는 큰 단점이 있다. 하지만 최근에는 경쟁이 치열해지면서 수수료가 많이 낮아져 큰 부담이 없는 편이다. 또한 수수료가 포함된 수익률로 환산되어 나오기 때문에 확인하기도 쉽다. 때문에 수수료를 지불하더라도 초보자나 시간이 많지 않은 직장인들에겐 ETF만 한 게 없다는 생각이다.

투자의 영역은 주식시장 이외에도 여러 펀드, 부동산 조각투자, 아트테크, 가상화폐 코인 등 무궁무진하다. 어차피 투자에 절대적인 것은 없고, 시장의 변화에 대응하며 위험성을 낮추기 위해 분산해야 한다. 나이가 젊을수록 나다운 투자 방법을 찾아가기도 더욱 수월하다. 소액이라도 최대한 많은 경험치를 쌓아보길 바란다.

chapter 8

세테크 · 재테크보다 쉬운
청년 지원 정책 활용하기

　결국 우리가 세테크나 재테크를 하려는 이유는 돈을 아끼거나 더 모으기 위함이다. 하지만 이보다 더 쉬운 게 일단 청년, 무주택자, 신혼부부, 다자녀 등을 위한 정책을 잘 활용하는 것이다. 그중에서도 최근에 더 새롭게 만들어지고, 활발하게 확대되고 있는 2030세대를 위한 청년 지원 정책을 살펴보자.

　실제로 현금이나 지역화폐 등으로 지원금을 받기도 하고, 세금을 줄여주기도 하는 등 다양한 형태로 지원되고 있다. 다만 본인이 직접 신청해야 하는 지원금이라 혜택은 아는 만큼 받을 수 있다. 때문에 아래에 소개된 청년 정책 이외에도 본인의 조건에 맞는 여러 지원금 정책들은 없는지, 새롭게 생긴 것은 없는지 계속해서 관심을 가져야 한다.

월세도 돌려받을 수 있다?

'청년 월세 한시 특별 지원'은 코로나 기간에 한시적으로 청년층의 주거비 경감을 위해서 나온 정책이다. 그러나 현재까지 고금리, 고물가가 이어지면서 지금까지 연장되고 있다. 종종 지자체에서 자체적으로 추가 혜택을 지원해 주기도 한다. 매월 월세의 최대 20만 원씩 1년간 총 240만 원을 현금으로 지원받을 수 있어서 청년층에게 매우 유용하다. 게다가 최근에는 2년간 480만 원까지 지원되는 방안도 논의 중이다.

독립해서 거주하고 있는 무주택 청년 중 19세부터 34세 사이의 나이를 대상으로 하며, 소득은 본인 기준 중위소득 60% 이하면서 동시에 원가구 소득이 중위소득 100% 이하인 경우에 해당된다. 이와 함께 재산가액은 각각 1억 2,200만 원, 4억 7,000만 원 이하 조건을 함께 충족해야 한다.

조건이 다소 빡빡하기 하지만, 해당된다면 월세의 일부를 현금으로 지원받을 수 있어서 상당히 도움이 된다. 월세액이 20만 원 미만이라면 월세만큼, 그 이상이라면 20만 원까지 지원받는다. 신청은 복지로 홈페이지 혹은 주소지 관할 주민센터를 통해 가능하니 참고하자.

생각보다 많은 지자체 청년 수당 및 여러 지원금/장려금 정책

지자체에서 지원하는 정책으로 대표적으로 '서울시 청년 수당'이 있다. 여기에 선정되면 매월 50만 원씩, 최대 6개월간 총 300만 원을 지원받을 수 있다. 서울에 거주하는 만 19세에서 34세 이하 청년이면서 미취업 상태이거나 주 30시간 이하 혹은 3개월 이하 단기 근로자라면 대상이 된다. 또한 가구원 수에 따라 기준 중위소득 150% 이하 소득 조건을 함께 충족하면 된다. 이후 선발을 통해 대상자가 결정되는데 중위소득 85% 이하 단기 근로 청년과 건강보험료 기준 저소득 청년은 좀 더 우대된다. 때문에 취업 준비를 하며 아르바이트를 하거나 단기 근로를 하는 프리랜서들은 눈 여겨 볼 필요가 있다.

유사한 '경기도 청년 기본 소득'은 경기도에 3년 이상 계속 혹은 합산 10년 이상 거주한 24세 청년이라면 누구나 분기별로 25만 원씩, 최대 100만 원을 지역화폐로 받을 수 있는 지원금이다. 또 인천에서도 구직 청년을 위한 '청년 드림체크카드'가 있다. 만 18세에서 39세 사이, 중위소득 50% 초과 150% 이하 대상자라면 선발을 통해 1인당 최대 300만 원까지 지원받을 수 있으니 조건에 해당된다면 신청해 보자.

대표적으로 대부분 지자체에서 청년 수당을 운영하고 있지만 그외에도 자체적으로 청년들을 위해 지원하는 정책이 꽤 많다. 관심 갖고 알아보지 않으면 몰라서 못 받는 경우도 정말 많을 것이다. 특히 경기도는 청년들에게 굉장히 활발하게 지원하는 지자체다. 앞서 말한 청년 기본소득 외에도 구직 청년들을 위해 최대 50만 원까지 지원하는 '청년면접수당', 도내 거주하면서 재직 중인 근로자를 대상으로 연간 120만 원까지 지원하는 '청년 복지포인트' 그리고 2년간 240만 원을 저축하면 340만 원을 지원해주는 '청년 노동자통장' 등이 있다.

이처럼 시, 도, 군 내에서 자체적으로 청년들을 위해 지원해주는 정책이 생각보다 많다. 본인이 거주하는 지역의 홈페이지를 통해 이들을 쉽게 찾아볼 수 있다. 특히 모든 정책들이 나이, 소득요건 등과 함께 연 1회, 혹은 2회 등 신청 기간이 정해져 있어서 미리 알아보고 필요한 서류 등을 준비하길 바란다.

청년도약계좌와 같은 적금 정책 및 청약 통장

2022년 청년희망적금을 시작으로 굉장히 활성화된 청년 적금 정책이다. 우대금리를 적용해줄 뿐 아니라 정부 혹은 지자체에서 지원금까지 함께 주기 때문에 조건에 해당된다면 꼭 신청하여 목돈 마련의 토대로 삼으면 좋다.

가장 대표적인 청년도약계좌는 5년제로 다소 길지만 최고 연 6% 비과세 적금 이자를 받으며, 소득에 따라 매월 납입 금액의 3-6% 기여금을 별도로 받으면 연 10% 수준의 적금이 된다. 그외에도 청년내일저축계좌나 여러 지자체에서 운영하는 희망두배 청년통장, 은행 자체적으로 가입할 수 있는 청년 적금 통장까지 다양하니 3장을 참고하여 본인 조건에 적합한 상품이 있다면 활용하도록 하자.

또한 청년우대형 청약통장에서 2024년에 새롭게 업그레이드된 '청년 주택드림 청약통장'도 있다. 최고 연 4.5%로 좀 더 높은 금리를 적용해주고, 납입 한도도 월 100만 원으로 상향 그리고 당첨 시 분양가 기준 80%까지 최저 연 2.2%로 저금리 연계 대출까지 가능하다.

나이 조건은 만 19세 이상 34세 사이로 병역 이행 기간은 최대 6년까지 빼고 계산하며, 연 소득은 5,000만 원 이하다. 그리고 무주택자라면 누구나 신규 개설뿐 아니라 일반 통장에서 전환하는 것도 가능하다. 기본 '주택청약종합저축' 통장보다 혜택이 있기 때문에 조건에 해당된다면 가입하지 않을 이유가 없다. 이 또한 다음 5장에서 좀 더 상세하게 다루고 있다.

청년전용 버팀목 전세자금대출, 보증부 월세대출

청년들의 주거 안정을 위해 마련된 여러 전월세보증금대출을 활용하는 것도 고정 비용을 줄일 수 있는 방법 중 하나다.

대표적으로 주택도시기금에서 주관하는 '청년전용 버팀목 전세자금대출'은 만 19세 이상 34세 이하 무주택 세대주이면서 연소득 5,000만 원 이하라면 최저 연 1.0%로 적용 받을 수 있다. 임차 전용면적 $85m^2$ 이하, 보증금 3억 원 이하, 최대 80%, 2억 원 한도까지 대출이 가능하다. '보증부 월세대출'도 유사하며, 임차 전용면적 $60m^2$, 보증금 6,500만 원, 월세금 70만 원 이하 주택에 한해 최저 보증금 연 1.3%, 월세금 연 0-1.0% 한도로 빌릴 수 있다.

그외에도 중기청 대출이라 불리는 '중소기업 청년 전월세보증금대출'도 눈여겨볼 만하며, 여러 대출 지원 상품들이 있으니 다음 장에서 좀 더 자세하게 다뤄보도록 하자.

PART 5

내집 마련을 위한 첫걸음

내집 마련 하고 싶은
무주택자는 필독!

내집 마련, 정말 빠를수록 좋을까?

최근 몇 년 사이에 '영끌족'이란 말을 다들 한 번쯤은 들어봤을 듯하다. 영혼까지 끌어 모아 투자를 하고, 집을 사기 위해 가진 자산을 전부 끌어 모은다는 뜻도 있지만 가용할 수 있는 대출까지 최대치로 사용한다는 의미이기도 하다. 그만큼 청년들의 내집 마련이 어려워지고 있는 것이다. 코로나19 이후, 부동산의 시장 침체와 고금리 기조가 이어지면서 이자 늪에 허덕이는 청년들이 더 많아지고 있다.

나 역시 마음만 조급하고 부동산과 경제에 대한 이해는 부

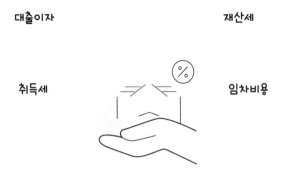

영끌러 1주택자의 부담

대출이자   재산세

취득세   임차비용

족했던 20대 후반에 섣부르게 1주택자가 되었다. 계약서에 서명한 잉크가 다 마르기도 전에 집값은 하락하기 시작했다. 내집 마련을 했다는 안정감보다 이자와 집값에 대한 불안감이 훨씬 컸다. 게다가 '내집'을 소유함과 동시에 부담해야 하는 취득세와 재산세 등 세금과 임차인을 받으며 유지하기 위한 비용이 계속해서 발생했다.

주변에서는 물었다, 그래도 내집이 있으니 좋지 않냐고. 단언컨대 아니었다. 준비되지 않은 자에게 현실은 훨씬 더 가혹했다. 사실 그렇게 급할 이유는 없었지만, 치솟는 집값에 마음이 불안해진 것이다. 집값은 오르기도 하지만 내리기도 한다. 당장 보면 올라있는 집값에 숨이 턱하고 막힐 수 있지만 오르고 내리기를 반복하며 우상향하니, 때는 또 있기 마련이다. 특히 시간이 조금 지나고 보면 우리와 같은 2030 청년, 신혼부부들은 더 서두를 필요가 없다는 생각이 든다. 우리를 위한 수많은 주거 정책들이 계속해서 새롭게 생겨나고 있다.

나는 비싼 값을 치르며, 부동산 시장과 경제를 배워가고 있다. 기회는 언제든 또 올 테니 실수를 반복하지 않으면 된다는 생각으로. 이 글을 읽는 여러분들은 나와 달리 불안감을 잠시 내려 놓고, 조금 더 차근차근 준비해 나갔으면 한다.

내집 마련 전까지는 무주택자 혜택 충분히 누리기

나는 섣부른 1주택자가 되고 난 뒤에 깨달았다. 생각보다 무주택자들에게 주는 혜택이 많았다는 것을 말이다. 물론 내 집이 없다는 조급함과 불안감은 누구보다도 잘 안다. 하지만 그렇게 조급한 마음에 1주택자가 되고 나면 생각보다 부담은 커지고, 무주택자만이 누릴 수 있는 혜택은 함께 사라진다. 때문에 준비하는 과정에서 느끼는 불안감은 무주택자 혜택으로 살짝 눌러보자.

우선은 연말정산에 느껴지는 세제 혜택 차이가 크다. 전월세 대출 이자 및 청약통장 납입 금액에 대한 소득공제 40%는 무주택자만 해당되기 때문이다. 연간 120만 원 한도로 세율에 따라서는 매년 최대 28만 8,000원까지 세금을 줄일 수 있다. 또 청년들을 위한 '주택드림 청약통장'도 본인을 포함해 배우자도 무주택자여야 이자 비과세 혜택을 받을 수 있다. 여기에 15-

17% 공제되는 월세 세액공제 제도 또한 주택을 소유하지 않은 경우에만 해당된다. 유주택자는 소득공제로만 적용이 된다. 이와 관련하여 앞선 4장에 자세하게 정리되어 있다.

뿐만 아니라 저금리로 가능한 디딤돌, 중소기업 청년, 신혼부부 전용 전월세자금대출과 서울시 신혼부부 임차보증금 이자지원과 같은 지자체의 제도도 대부분 무주택자에 한해서만 적용된다. 저소득 청년 및 신혼부부를 위한 보증료 지원과 함께 여러 임대주택 제도 또한 동일하다. 게다가 '서울 청년 이사비 지원' 정책처럼 일부 지자체에서는 무주택 청년을 대상으로 부동산 중개보수와 이사비를 지원하기도 한다. 그러니 차근차근 내집 마련을 준비하면서 무주택자만이 누릴 수 있는 여러 혜택도 함께 누리면 좋겠다.

이사는 무조건 최소화!

또한 내집 마련을 하기 전에는 이사를 최소화하기를 권장한다. 보증금 혹은 월세를 더 아끼는 것이 장기적으로는 이득이 된다거나 이직 등의 불가피한 이유가 아니라면 이사 한 번을 위해서 생각보다 많은 비용이 발생한다는 것을 알아야 한다. 단순한 '주거의 질'만을 위해 신축, 넓은 평수를 좇아 이사를 자주 하기엔 매번 꽤 큰 비용이 나간다. 게다가 가전이나 가구 등 살림살이의 손상도 무시할 수 없고 시간과 에너지 소모까지 무척이나 극심하다.

기본적으로 전세 계약은 2년에 한 번 이루어진다. 이때 임대인이 실거주하는 사유가 아니라면 다음 2년은 기존 임차인이 연장할 수 있는 우선권인 '계약 갱신청구권'이 주어진다. 게다가 보증금 또한 최대 5% 상한선 내에서만 올릴 수 있다. 그렇기 때문에 특별한 사유가 없다면 한 번의 계약 후 최소한 4년은 거주하는 게 좋다. 이사를 하게 되었을 때 그 비용을 하나씩 따져보자.

가장 먼저 부동산 중개료다. '주택 중개보수 상한요율'에 따라 결정되며, 네이버 '중개수수료 계산기'를 통해서 계산할 수 있다. 이때, 전세 보증금 1억 원에서 6억 원까지는 최대 상한요율이 0.3%가 적용되는데, 보증금 1억 원당 약 30만 원의 중개수수료가 발생한다고 생각하면 된다. 이때, 월세는 (보증금+월세×100) 혹은 계산된 금액이 5,000만 원 미만이라면 (보증금+월세×70)으로 계산하면 된다. 수도권에 거주하는 사람 입장에서는 결코 적지 않은 비용이 발생하는 것이다.

하지만 재계약을 한다면 비용이 확 줄어든다. 보증금, 월세 등 조건이 바뀌지 않는다면 새롭게 계약서를 쓰지 않기도 하고, 일부 변경된다면 기존 공인중개사에게 약 10만 원 내외 정도의 수수료만 지불하면 되기 때문이다.

또 여기에 이사업체 비용도 만만치 않다. 보통 20평대 신혼부부라면 70만-150만 원, 원룸 이사는 최대 50만 원 수준의 비용이 발생한다. 여기에 사다리차 이사를 하는 경우에는 층수에 따라 1회 20만 원 내외가 추가되고, 엘리베이터를 이용하는 아파트 혹은 오피스텔이라면 이와 별개로 사용료가 1회당 10만-20만 원 미만으로 별도로 부과된다.

마지막으로 20만 원 내외의 입주 청소 비용까지 매번 발생한다. 뿐만 아니라 기존에 있던 물품을 고장 내거나 벽지 등 손상을 입혔다면 부가적인 비용이 발생할 수도 있다. 이런저런 이유들을 생각했을 때 **이사가 잦아지면 돈을 모으기가 쉽지 않은 것이 현실이다.** 때문에 웬만하면 이사를 하지 않는 게 비용을 아끼는 지름길이다.

만약 이사가 꼭 필요하다면 여러 곳에서 견적을 비교해보자. 브랜드 이사업체일수록 좀 더 정교한 포장과 체계적인 일처리는 가능하겠지만 비용은 당연히 비싸다. 반면 지역 개인업체를 활용하면 저렴해진다. 특히 짐이 많지 않은 신혼부부가 2톤 내외로 짐을 줄인다면 이사비용을 확 낮출 수 있다. 때문에 이사 전 불필요한 물건은 중고거래를 통해 처분하여 짐도 줄이고, 비용도 아끼길 추천한다. 참고로 좀 더 비용을 줄이기 위해서는 '반포장 이사'를 택하는 것도 방법이다. 출발할 때에는 모두 업체에서 포장해주지만 도착 후에는 가전, 가구 및 큰

짐 배치만 해주고, 나머지는 직접 하는 방식이다. 시간과 수고
가 더 들어가지만 비용은 확실히 절약할 수 있다.

임장은 데이트처럼: 끊임없이 공부하고, 발품 팔기

부동산은 한 번에 쉽게 이해하고, 정복할 수 있는 영역이 아
니기에 끊임없이 관심을 가지며 공부해 나가야 한다. 나의 경
우는 결혼을 준비할 때 식장이나 드레스, 가전제품과 가구보다
더 많은 시간을 들였던 것이 임장이었다. 물론 고민 끝에 첫 신
혼집은 전세를 택했지만 실제로 예비 신랑과 함께 '돈 쓰는' 데
이트보다 '돈 공부하는' 데이트도 꽤 재미있었다.

사회초년생 혹은 2030세대에게 '집을 산다'는 것은 굉장히
어려운 일이다. 오래 살거나 잘 아는 지역의 집을 매수하는 것
이 아니라면 더더욱 긴 시간이 필요하다. 앞서 말한 것처럼 굳
이 서두를 필요는 없다. 언제든 기회는 오기 마련이니 차근차
근 잘 준비해 나가는 것이 중요하다.

개인적으로는 직접 발로 걸어 다니며, 부동산 사장님들과
이야기도 나누면서 발품을 파는 게 가장 확실한 방법이라고
생각한다. 실제로 신혼부부로서 임장을 다니면서 애정 어린 시
선으로 따뜻한 조언을 해주시는 분들도 많았다. 평소에 틈틈
이 온라인 임장을 하는 것도 꽤 도움이 된다. 네이버 지도, 호

갱노노, 아실 등 어플을 활용해 주변의 시세와 인프라를 파악하고 실거주 후기 등을 보는 게 많은 도움이 되었다. 또 블로그, 유튜브 등을 통해 여러 전문가가 말하는 각기 다른 의견을 들어보는 것도 좋았다. 물론 정답은 없지만 지식을 쌓아 나가는 과정에서 꽤 많은 도움을 받았기 때문이다. 정보를 충분히 알고 실제 임장을 가면 보이는 것도 달라 보이는 법이다.

이제 막 부동산에 관심이 생겨 임장이 처음이라면 내가 가장 익숙한 지역, 현재 살고 있는 지역부터 시작하자. 그중에서도 가장 대장이 되는 아파트 혹은 역세권 대단지 아파트부터 시작하면 좀 더 수월하다. 아파트 가격이 어떻게 변하고 있는지, 역과의 거리는 어떤지, 옆 아파트에서 동일한 평형대의 가격은 어떤지, 초등학교는 도보 몇 분인지 등 찾아보면 좀 더 쉽게 감을 잡을 수 있을 것이다. 비싼 집은 대부분 그럴 만한 이유가 있다. 내가 잘 아는 지역에서 숨은 보석을 발견하는 재미도 있을 것이다.

결국 중요한 것은 '관심과 애정'이다. 처음에는 어려워서 아파트 브랜드, 가격만 보겠지만 시간이 쌓이면 같은 것을 보고 있어도 보이는 건 달라지는 법이기 때문이다. 나중에는 단순한 산책길도, 친구를 만나러 가는 길도 자연스럽게 매수자의 눈으로 관찰하는 나를 발견할 수 있을 것이다.

현명한 무주택자의
주거비용 낮추는 법

내집 마련 전, 주거비용은 최소한으로

섣부른 내집 마련 보다는 이를 준비하는 과정이 필요하고, 그 기간 동안만큼은 주거 비용을 최소화하면서 적정선을 찾는 게 중요하다. 매달 나가는 고정비에서 주거 비용이 가장 큰 비중을 차지한다. 때문에 큰돈을 모으기 위해서는 줄여야 할 1순위 비용이다. 주거의 질을 아예 무시하라는 건 아니다. 맹목적인 신축, 큰 평수, 역세권 등 욕심부리지 않는 게 중요하다고 생각하면 좋을 듯하다.

그런 맥락에서 미혼이라면 최대한 부모님으로부터 주거 독립은 늦게 하는 게 좋다. '유료 호흡'이란 말이 나올 만큼 혼자 살게 되면 나가는 비용은 상상을 초월한다. 단순히 월세뿐 아니라 관리비, 생활비, 식비 등의 비용은 생각보다 부담스럽게 다가온다. 그럼에도 출퇴근을 위해서 어쩔 수 없이 따로 살아야 하거나 결혼 후 가정을 이룬 후에는 주거비용에 대한 생각을 다시 해보길 바란다.

일반적으로 사회초년생은 목돈이 별로 없다. 그래서 저렴한 보증금을 최우선으로 생각하다 보면 결국 남는 선택지는 '월세'다. 그리고 조금 목돈이 모이면 최대한 빨리 전세로 갈아타려고 할 것이다. 반대로 신혼부부들은 월세보다는 전세를 선호하는 경향이 있다. 하지만 최근에 고금리 현상이 지속되면서 주거 비용에 대한 고민이 좀 더 필요하다.

기본적으로 월세는 적은 보증금으로 목돈이 필요 없는 대신 다달이 매월 임대료를 지불하는 형태이다. 통상적으로 빌라, 오피스텔에서 많은 형태이며 최근 고금리가 지속되면서 아파트에서도 월세 형태가 자주 보이는 편이다.

반대로 전세는 매월 임대료를 지불하지 않는 대신 거주하는 기간 동안 보증금을 임대인에게 주고, 계약이 끝나서 집을 나갈 때 그대로 돌려받게 된다. 대부분 아파트의 임대 거래 형태로, 종종 오피스텔이나 빌라에서도 찾아볼 수 있다. 대부분 '전세자금대출'을 활용하는 편이라 월세 대신 이자를 납부하게

월세 vs 전세 선택의 고민

보증금이 묶여있고
대출이자가 나가지만 안정적인

전세?

보증금이 적지만
월세액 지출이 큰

월세?

된다. 특히 최근에는 다주택자 빌라 등에서 '전세사기'도 극성
이라 큰 목돈이 묶여있는 것에 대한 리스크도 있다.

어떤 형태든 안전한 범위 내에서 월 주거 비용을 줄이는 게 중요하다.
현재 가용할 수 있는 나의 목돈, 활용할 수 있는 주거 정책 및
대출 정책 등을 총괄적으로 확인한 후 적게 내는 방향으로 주
거를 결정해야 한다. 주거 비용은 월 소득 대비 지역을 고려하
여 최소한의 삶의 질은 보장하되 불필요한 욕심은 덜어내는 수
준에서 적정선을 스스로 찾으면 좋겠다.

만약 월세와 전세 대출 이자가 비슷한 수준이라면 오히려
월세가 더 나을 수 있다. 그 이유는 목돈이 묶이지 않기에 안전
하고 여러 투자를 경험할 수 있으며, 가능하다면 월세 지원제
도 및 월세 세액공제 제도까지 활용할 수 있기 때문이다.

무주택자 임대주택 제도 활용하기

최근에는 무주택 청년, 신혼부부 등을 위해 다양한 공공 및 민간 임대제도가 새롭게 나오고 있다. '마이홈' 사이트를 통해 제도를 알아볼 수 있고, 각 입주자모집 공고를 통해 소득이나 자산과 관련된 자격 기준을 확인할 수 있다. 이를 잘 활용해 주거 비용을 낮추는 것도 좋은 방법이다. 내집 마련 전, 최대한 고정 비용을 낮춰 조금 더 목돈을 빨리 모으는 데 이를 활용해야 한다.

먼저 공공임대주택에서 가장 많은 특별공급 전형이 있는 '통합공공임대'는 최대 30년의 임대기간으로 보증금과 임대료를 합산하여 시세의 35-90% 수준으로 살 수 있다. 전용 $85m^2$ 이하 주택만 공급된다는 아쉬움이 있지만 꽤 합리적인 선택이다. 임대료율은 기준 중위소득에 따라 결정되고, 세대 구성원의 모든 총자산가액 3억 4,500만 원 이하 그리고 자동차가액 3,708만 원 이하 무주택자라면 대상이 된다.

먼저 기준 중위소득 150% 이하 청년, (예비)신혼부부, 한부모가족, 고령자는 일반공급으로 추첨을 통해 선정된다. 그리고 우선공급은 기준 중위소득 100% 이하를 대상으로 청년, 신혼부부·한부모 가족, 신생아, 고령자, 다자녀, 장애인 등 여러 전형으로 배점을 통해 선정된다는 차이가 있다. 시기에 따라 입주자모집 공고를 보고, 본인에 조건에 적합한 전형을 선택해 신청하면 된다.

많이 알려져 있는 '행복주택' 제도는 대학생, (사회초년생) 청년, 신혼부부·한부모 가족, 고령자 등을 대상으로 학교 및 직장이 가까운 곳이나 대중교통이 편리한 곳에 공급하는 임대주택을 말한다. 대학생 및 청년은 6년까지, 신혼부부는 최대 10년, 그리고 고령자, 주거급여 수급자 등은 20년까지 거주할 수 있다. 역시 보증금과 임대료가 시세의 60-80% 수준으로 낮다는 장점도 있지만 전용 $60m^2$ 이하 주택만 해당된다는 아쉬움이 있다. 그래도 소형평수가 많은 터라 청년 혹은 신혼부부가 거주하기에 괜찮은 편이다. 소득은 월 평균 소득 기준 100% 이하이며, 신혼부부·한부모가족 전형의 경우에만 맞벌이 120% 이하가 적용된다. 통합공공임대와 총자산가액과 자동차가액 기준이 동일하다.

이외에도 공공임대주택에는 영구임대, 국민임대, 장기전세, 공공임대는 각각 소득 분위에 따라 신청할 수 있고, 시세의 30-90% 수준으로 5년부터 최장 50년까지 거주할 수 있는 유형도 있다. 그뿐 아니라 서울시 청년안심주택, 신혼희망타운 임대형 등 무주택자들을 위한 여러 임대제도가 있다. 물론 소득 조건도 빡빡하고, 주거 공간이 좁은 곳들도 많은 편이라 아쉬움이 없는 것은 아니지만 내집 마련이라는 목표를 위해 일정

공공임대주택 유형별 특징

구분		통합공공임대	영구임대	국민임대
1. 임대기간		30년	50년	50년
2. 공급조건		보증금+임대료 시세 35-90% 수준	보증금+임대료 시세 30% 수준	보증금+임대료 시세 60-80% 수준
3. 공급규모		85m²이하	40m²이하	85m²이하 동상 60m²이하
4. 공급대상		무주택세대구성원/ 무주택자	생계급여 또는 의료급여 수급자 등 소득분위 소득1분위	무주택세대구성원 소득 2-4분위
5. 자산 기준	적용 대상	모든공급유형 단, 우선공급 중 일부 적용 제외	모든공급유형 단, 수급자 등 일부 대상 제외	모든공급유형 단, 우선공급 중 일부 적용 제외
	금액 기준	총자산 • 34,500만 원 이하 자동차 • 3,708만 원 이하	총자산 • 24,100만 원 이하 자동차 • 3,708만 원 이하	총자산 • 34,500만 원 이하 자동차 • 3,708만 원 이하
6. 소득 기준	적용 대상	모든공급유형 단, 우선공급 중 일부 적용 제외	모든공급유형 단, 수급자 등 일부 대상 제외	모든공급유형 단, 우선공급 중 일부 적용 제외
	금액 기준	우선공급 • 기준 중위소득 100% 이하 일반공급 • 기준 중위소득 150% 이하	일반 • 전년도 도시근로자 가구원수별 월 평균 소득 50% 이하 국가유공자 등, 북한이탈주민, 아동복지시설퇴소자, 장애인(1순위) • 전년도 도시근로자 가구원수별 월 평균 소득 70% 이하 장애인(2순위) • 전년도 도시근로자 가구원수별 월 평균 소득 100% 이하	60m²이하 • 전년도 도시근로자 가구원수별 월 평균 소득 70% 이하 60m²초과 • 전년도 도시근로자 가구원수별 월 평균 소득 100% 이하

자료: 마이홈

구분		장기전세	공공임대 5년/10년/분납	행복주택
1. 임대기간		20년	5년/10년	30년
2. 공급조건		보증금+임대료 시세 80% 수준	보증금+임대료 시세 90% 수준	보증금+임대료 시세 60-80% 수준
3. 공급규모		85m²이하 동상 60m²이하	85m²이하	60m²이하
4. 공급대상		무주택세대구성원 소득 3-4분위	무주택세대구성원 소득 3-5분위	무주택세대구성원/ 무주택자 소득 2-5분위
5. 자산 기준	적용 대상	모든 공급유형 단, 우선공급 중 일부 적용 제외	모든 공급유형 단, 기타특별 제외	모든 공급유형
	금액 기준	부동산 • 21,550만 원 이하 자동차 • 3,708만 원 이하	부동산 • 21,550만 원 이하 자동차 • 3,708만 원 이하	총자산 • 34,500만 원 이하 자동차 • 3,708만 원 이하 계층에 따라 자산기준이 상이
6. 소득 기준	적용 대상	모든 공급유형 단, 우선공급 중 일부 적용 제외	신혼, 생애최초, 다자녀, 노부모 일반 60m²이하	모든 공급유형 단, 주거급여수급자 제외
	금액 기준	60m²이하 • 전년도 도시근로자 가구원수별 월 평균 소득 100% 이하 60m²초과 • 전년도 도시근로자 가구원수별 월 평균 소득 120% 이하	60m²이하 일반공급, 생애최초 우선공급, 신혼부부 우선공급 • 기준중위소득 100% 이하 다자녀, 노부모 특별 공급 • 기준중위소득 120% 이하 신혼부부 잔여공급, 생애최초 잔여공급 • 기준위소득 130% 이하	전년도 도시근로자 가구원수별 가구당 월 평균 소득의 기준 중위 소득 100% 이하 단, 맞벌이 부부의 경우 120% 이하, 1인 가구 20%p, 2인 가구 10%p

자료: 마이홈

기간은 주거 비용을 낮추기 위해 활용하는 것도 좋은 방법이 될 수 있다.

참고로 4장에서 다뤘던 '청년 월세 한시 특별 지원' 정책도 대상 조건이 되는지도 꼭 확인해야 한다. 매월 월세액의 최대 20만 원씩 12개월간 240만 원의 현금을 지원받을 수 있는 제도이기 때문이다. 특히 최근에 24개월, 최대 480만 원까지 지원 확대를 협의 중에 있기에 기존에 12개월을 지원받았던 청년들도 적용 가능여부를 확인해 보길 바란다.

다양한 전월세 대출 제도로 이자 낮추기

최근에 고금리 기조가 이어지면서 전세대출 이자와 월세대출이 비슷해졌다고는 하나 저금리 정책대출을 잘만 활용하면 월세보다 더 낮은 비용으로 주거의 질을 높일 수 있다. 대표적으로 최저 연 1.0%까지 가능한 '버팀목 전세자금대출'이 있다. 연소득 5,000만 원 이하, 임차보증금 수도권 3억 원 이하(그 외 2억 원), 순자산 3억 4,500만 원 이하 조건을 충족하면 가능하다. 특히 신혼부부는 소득 연 7,500만 원 이하, 보증금 최대 4억 원까지 가능하고, 2자녀 이상 가구도 6,000만 원까지 우대가 가능하기 때문에 우선적으로 고려해 보면 좋을 정책이다.

또 '청년전용 버팀목'은 만 34세 이하 세대주에게 해당되는 것으로 연소득 기준은 동일, 임차보증금 기준은 3억 원 이하이지만 우대 조건에 약간의 차이가 있다. 일반 버팀목 대비 청년에게 해당하는 우대사항이 많은 편이고, 동일하게 최저 연 1.0%까지 가능하다. '신생아 특례 버팀목'은 대출접수일을 기준으로, 2년 내 출산한 무주택 세대주를 대상으로 한다. 부부 합산 최대 연 2억 원으로 소득 기준이 많이 완화된 정책이다. 임차보증금도 수도권 5억 원, 그 외 4억 원으로 최대 3억 원까지 대출이 가능하며, 역시나 우대를 적용해 최저 연 1.0%까지 저금리 대출이 가능하다.

'중기청'이라 불리는 '중소기업 취업청년 전월세보증금대출'도 있다. 만 34세 이하 중소기업 재직자 또는 청년 창업 지원을 받고 있는 자들을 대상으로 하며, 병역의무를 이행한 경우 그 기간만큼 비례하여 만 39세까지 가능하다. 특히 보증금의 최대 100%까지 대출이 된다는 점과 조건 없이 연 1.5% 고정금리가 적용된다는 장점이 있다. 하지만 소득 기준이 외벌이 혹은 단독세대주 기준 3,500만 원, 맞벌이는 5,000만 원 이하로 다소 빡빡한 편이다. 또한 임차보증금 2억 원 이하, 대출 한도는 1억 원으로 제한도 있는 편이지만 장점도 뚜렷한 정책이다.

그 외에도 청년전용 보증부 월세대출, 신혼부부 전용 전세자금 등 여러 정책이 있다. 만약 소득, 주택 조건 등을 충족하지 못한다면 지자체에서 지원하는 '임차보증금 지원제도'도 고

려해 보자. 예시로 서울특별시에서는 신혼부부를 대상으로 우
대 금리를 지원해주고 있다. 합산 연 소득 1억 3,000만 원까지
가능하며, 소득에 따라 연 1.0-3.0%까지 우대된다. 또한 자녀
가 있는 신혼부부라면 자녀당 0.5%, 최대 연 1.5%까지 지원을
받을 수 있고, 신규 대출자라면 임차보증금 반환보증료 최대
30만 원까지 지원된다. 만 19-39세 이하의 청년은 연 2.0%를
지원받을 수 있는데 한부모 가족 청년은 1.0%가 추가되어 최
대 연 3%를 지원받을 수 있는 제도다. 서울특별시 외에도 여러
지자체에서 자체적으로 임차보증금 지원제도를 시행하고 있다.
본인의 거주 지역을 중심으로 적극적으로 찾아본다면 혜택을
받을 방법이 반드시 있을 것이다.

chapter 3

내집 마련의 정석,
청약 제도 제대로 알기

내집 마련을 하는 가장 기본적인 방법이 '주택청약'이다. 청약은 새롭게 분양하는 주택을 청약통장의 조건을 갖춘 이들에게 추첨제 혹은 가점제로 분양하는 방식을 말한다. 일반적으로 청약은 신축임에도 불구하고, 시세보다 훨씬 더 저렴한 분양가로 공급되기 때문에 경쟁이 굉장히 치열하다. 물론 최근에는 자잿값 상승 등의 이유로 분양가가 많이 오르면서 지역에 따라 이에 대한 부정적인 시각도 있지만 청약은 그냥 버리기엔 쉽지 않은 카드다. 어떤 정책인지 충분히 파악한 후 내게 필요한 것인지 아닌지 판단해도 늦지 않다.

청약 전, 입주자모집 공고보다 먼저 준비해야 할 것들

모든 새로운 분양과 청약에 대한 안내는 '청약Home' 사이트를 통한다. 이때, '입주자모집 공고'가 올라오면 이제 본격적인 청약이 시작되는 것이다. 모든 조건은 공고가 올라오는 당일을 기준으로 한다. 참고로 일부 청약저축, 청약예금, 청약부금은 전일을 기준으로 하니 혼동하지 말자.

입주자모집 공고 10일 이후에 바로 청약을 결정해야 하기 때문에 공고가 뜨기 전, 선행해서 준비해야 할 것들이 꽤 많다. 먼저 '청약을 할 만한 가치가 있는 입지인가'에 대한 공부가 선행되어야 한다. 청약이라고 무조건 좋은 게 아니다. 최근에는 건축 자재 및 인건비 인상 등 인플레이션으로 주변 시세 대비

청약Home 홈페이지

자료: 청약Home

딱히 메리트가 없는 지역들도 종종 나오고 있다. 특히 주요 수도권이 아닌 지역이라면 좀 더 면밀하게 따져봐야 한다. 주변 인프라는 어떤지, 입주 예정 물량, 안전마진은 어느 정도 되는지, 주변 아파트 시세는 어떻게 되는지, 교통 및 생활 편의 시설 등을 사전에 충분히 알아보고 고민해야 한다.

유튜브와 블로그 그리고 뉴스 등에서 여러 전문가들이 분석해 놓은 자료를 참고하되, 정말로 청약을 넣을 곳이라면 꼭 본인이 직접 임장을 가봐야 한다. 눈으로 보고 경험하는 것과 듣기만 하는 것은 차이가 있기 때문이다. 물론 일부 분양가상한제가 적용되어 안전마진이 수 억 원대가 되는 지역은 조금 더 편한 마음으로 청약을 넣어도 좋지만 몇 년 뒤 미래는 장담할 수 없는 법이니 면밀할수록 좋다.

그 다음 꼭 준비해야 하는 것이 바로 '청약 자금 시뮬레이션'이다. 이를 고려하지 않다가 덜컥 청약이 당첨되어 이후에 포기한다면 지역에 따라 최소 5년에서 최대 10년까지 재당첨 제한이 있기 때문에 꼭 미리 준비해야 한다. 특히 처음 계약금 10-20%는 현금으로 미리 준비되어야 하고, 이와 함께 발코니 확장 및 유상 옵션 비용의 10%도 함께 계약일에 내야 한다. 통상적으로 중도금은 지역에 따라 60%, 6회 분납으로 진행되는 편이며, 이후 입주일에 최종 매매 잔금을 치르게 된다. 일정에 맞는 자금 융통이 가능한지 두 번, 세 번 점검해 보길 바란다.

이후 입주자모집 공고가 뜬다면 상세한 청약 및 계약 자격과 조건 및 상세한 일정을 확인하고, 내가 준비한 것과 비교해 본다. 앞서 준비한 자금은 시뮬레이션일 뿐 분양 공고마다 계약금, 중도금 분납 조건과 후불제 여부 및 입주일 등이 상이하니 꼼꼼하게 체크하자. 또한 '전용률'을 살펴 봐야 하는데 같은 평형이라도 공용면적과 현관문부터 단독으로 사용하는 전용면적이 다를 수 있기 때문이다. 그리고 최근에는 평형별 타입이 워낙 다양하게 나오는 터라 내 자격 조건에서 가능성이 높은 타입 등을 전략적으로 선택하는 것도 방법이다. 이는 모델하우스를 직접 방문하여 확인하면 좋겠다.

특히 이후에 다룰 청년, 신혼부부, 다자녀 등을 대상으로 하는 '특별공급'의 경우에는 청약 자격에 해당하는지도 꼭 확인해야 한다. 일반공급에 비해 여러 요건과 서류 제출 등이 까다로운 편이라 좀 더 면밀한 검토가 필요하다. 실제로 부적합 판정이 다른 전형보다 훨씬 많이 나오기도 한다. 이 또한 당첨 이후에 자격이 불충분하다는 게 확인되면 청약 포기로 간주되어 이후 청약에 제약이 발생할 수 있기 때문에 유의해야 한다.

청약의 기초, 공공/민간분양과 국민/민간주택 차이

사실 청약은 다소 복잡하고 제도 자체도 자주 바뀐다. 실제로 긴 시간 기다리기까지 해야 하는 어려운 길이다. 하지만 이를 잘 활용하면 시세보다 훨씬 더 적은 비용으로 신축 아파트에 내집 마련을 할 수 있는 방법이기도 하다.

먼저 분양 주체에 따라 '공공분양' 또는 '민간분양'으로 나뉘어진다. 공공분양은 소득이 낮은 무주택 서민 혹은 신혼부부, 장애인, 다자녀 등 정책적 배려가 필요한 이들의 주택마련을 지원하기 위한 제도이다. 조건이 까다로운 만큼 충족한다면 내집 마련의 확률이 훨씬 더 올라가는 편이라 눈 여겨 보면 좋다. 반대로 민간분양 주택은 건설사의 이익 추구와 사업성에 따라 지어지는 것으로 일반인 모두를 대상으로 신축 아파트를 분양한다고 생각하면 쉽다. 물론 일부 특별공급 물량이 있지만 공공분양 대비 적은 편이다.

그리고 공급 방법에 따라 '국민주택' 혹은 '민영주택'으로 나뉜다. 먼저 국민주택은 국가, 지자체, LH, SH 또는 주택도시기금의 지원을 받아 건설된다. 전용면적 $85m^2$이하(읍이나 면 지역은 $100m^2$ 이하)인 주택을 기준으로 한다. 그리고 국민주택이 아닌 나머지를 모두 민영주택이라고 하는데 기금의 지원을 받지 않고, 전용면적 등 제한 없이 민간건설업자가 자유롭게 건설하는 주택을 일컫는다.

이때, 공공분양이라도 공급을 국민주택에서 한다면 휴먼시아, LH, SH 등의 이름을 단 아파트가 된다. 민영주택에서 한다면 우리가 익히 아는 래미안, e편한세상 등이 될 수도 있다. 물론 민간분양 주택은 모두 민영주택으로 공급된다고 생각하면 된다. 최근에는 아파트 브랜드 선호 현상으로 인해 국민주택보다는 민영주택의 선호도가 높은 편이다. 앞으로 청약 공고를 볼 때 국민주택의 공공분양인지, 민간분양인지 그리고 민영주택인지를 우선적으로 구분하자. 필수적으로 충족해야 하는 조건 자체가 달라지기 때문이다.

청약 1순위 조건 충족은 기본 중에 기본

청약은 입주자선정을 함에 있어서 1순위와 2순위로 구분하는데 대부분 지역이 1순위에서 마감된다. 최소한 1순위 안에는 들어야 선정 경쟁에 참여할 수 있는 셈이다. 또한 특별공급의 필수 조건인 경우도 많기 때문에 1순위 조건은 일단 충족시켜 두는 것이 필수이며, 이는 생각보다 어렵지 않은 편이다.

이때, 청약하려고 하는 지역에 따라 네 종류로 구분된다. 먼저 투기과열지구/청약과열 지역, 위축지역, 수도권 그리고 수도권 외의 지역으로 구분한다. 투기과열지구/청약과열 지역은 정책에 따라 조정되는데 현재는 서울특별시 강남구와 송파구, 서초구 그리고 용산구(2023.01.05 ~)만 해당된다. 부동산 시장이 과열되었을 때는 서울 전역과 경기, 인천 대부분 그리고 일부 지방의 주요도시도 포함되었던 것과는 차이가 있기 때문에 '입주자모집 공고일'을 기준으로 판단하면 된다.

먼저 국민주택의 1순위 조건의 경우, 투기과열지구/청약과열지역은 24개월이 지나야 하고, 납입 인정 회차는 24회차 이상이어야 한다. 실제로 2년만 최소한의 금액으로 납입해도 1순위 조건은 충족하는 셈이니 어렵지 않다. 반대로 위축지역은 1개월 경과, 1회차 이상이면 충분하며, 과열 및 위축지역이 아닌 수도권은 12개월 경과 및 12회차 이상, 그외에는 6개월 경과 6회차 이상 납입이라면 1순위가 된다.

민영주택은 좀 더 중요한 조건이 하나 더 있다. 지역별로 '민영주택 청약 예치금'이 필수인데 희망주택의 전용면적과 거주지역에 따라 청약통장에 최소 200만 원에서 최고 1,500만 원까지 예치되어 있어야 한다. 다만 이를 위해 미리 큰 금액을 예치하지 않아도 된다. 예치금이 부족하다면 '선납' 제도를 활용

민영주택 지역/전용면적별 예치금액

(단위 : 만 원)

구분	서울/부산	기타 광역시	기타 시/군
85㎡ 이하	300	250	200
102㎡ 이하	600	400	300
135㎡ 이하	1,000	700	400
모든 면적	1,500	1,000	500

("지역"은 입주자모집공고일 현재 주택공급신청자의 주민등록표에 따른 거주지역 기준임)
자료: 청약Home

하는 것도 방법이기 때문이다. 큰 금액을 일시에 입금한다면 1회차 밖에 인정되지 않지만 선납을 활용하면 최고 24회까지 미리 낸 것으로 인정되기 때문이다.

민영주택도 예치금과 함께 청약통장 가입 후 '경과 기간'도 함께 충족해야 한다. 지역에 따라 1-24개월까지 지나야 한다. 다만 국민주택과 달리 납입 회차는 상관없기 때문에 최소 금액인 2만 원으로 일단 개설만이라도 해두는 게 좋다. 이후 입주자공고가 뜨기 전 선납 제도를 통해 예치금 기준을 맞춘다면 대부분 민영주택 청약은 가능하기 때문이다.

국민주택 당첨자 선정 방법

순차	40m² 초과	40m² 이하
1	3년 이상의 기간 무주택세대성원으로서 저축총액이 많은 자	3년 이상 기간 무주택세대구성원으로서 납입횟수가 많은 자
2	저축총액이 많은 자	납입횟수가 많은 자

- 청약순위(1·2순위)에 따라 입주자를 선정하며 1순위 미달 시에만 2순위 입주자를 선정
- 1순위 중 같은 수누이 안에 경쟁이 있을 시 아래의 순차별로 입주자를 선정(아래 표의 "순차1"에 서미달 시 "순차2"에서 입주자를 선정)
- 2순위는 추첨 방식으로 입주자 선정

자료: 청약Home

국민주택/민간주택 선정 기준이 다르다고?

앞서 봤던 1순위 조건을 충족한 것과 별개로 당첨 선정에 대한 조건은 또 다르다. 결국은 1순위 조건뿐 아니라 선정 기준

에 따라 차근차근 청약 통장을 준비해야 나가야 한다.

먼저 '국민주택'은 1순위 우선으로 가점제에 따라 입주자를 선정한다. 미달 시에만 2순위를 선정하는데 이때에는 추첨제가 적용된다. 가점을 매기는 방법은 심플하다. 주거면적 $40m^2$가 초과되는 모든 면적은 3년 이상의 무주택세대 구성원으로서 저축 총액이 많은 순서로 우선 선정한다. 청약 신청자가 부족해 자리가 남아있다면 이후에는 무주택기간은 제외하고, 저축총액이 많은 순서대로 결정된다. 이때, 저축총액은 1회 납입 기준으로 최대 25만 원까지 인정된다. 41년간 10만 원이었는데 2024년 11월부터 25만 원으로 상향되었다. 이로 인해 의견이 분분하지만 주요 수도권 청약에 성공하기 위해서는 앞으로는 25만 원을 납입해야 하는 상황이다.

'민영주택'은 가점제와 추첨제로 나뉜다. 가점제는 무주택기간, 부양가족 수, 입주자 저축 가입기간의 점수를 모두 합산하여 적용한다. 다만 몇 가지 눈 여겨 봐야 하는 사항도 있다.

첫째, 무주택기간은 15년 이상인 경우에 최고점인 32점을 받게 되는데, 미혼인 경우에는 만 30세부터 기간이 산정된다는 점이다. 둘째, 부양가족 수는 자녀뿐 아니라 배우자를 포함해 3년 이상 동일 주민등록표등본에 등재된 직계존속 그리고 미혼인 자녀 등 직계비속까지 포함한다. 0명인 경우 5점부터 산정되어 최고 여섯 명 이상이면 35점까지 받게 된다. 셋째, 입주자 저축 가입기간은 15년 이상이면 최고점인 17점을 받게 되는데 배우자의 청약 가입 기간은 최대 2년 이상이면 최고 점수인 3점을 받게 된다. 마지막으로 미성년자로서 가입한 기간은 최대 5년까지만 인정된다.

다소 어렵다면 청약홈의 '청약가점 계산기'를 활용하면 보다 쉽게 계산할 수 있다. 보통 주거 환경이 양호하면 적어도 60점 후반대가 당첨권이며, 수억 원의 시세 차익을 노려볼 수 있는 지역은 당첨 커트라인이 70점대로 형성되는 것이 현실이다. 최근에는 수도권 중심의 일부 인기 지역 쏠림 현상으로 청약 경쟁이 과열되면서 심지어는 만점통장도 탈락하는 사례가 나오고 있다.

추첨제는 공급되는 주택 물량의 75%는 무주택세대에게 우선 공급하며, 나머지 25%는 무주택자와 1주택자 중 우선 공급된다. 이후 남은 주택이 있다면 그외 소유자에게 공급되기에 경쟁률이 굉장히 높은 편이다.

공공분양주택 특별공급에
주목해야 하는 이유

주목해야 할 뉴:홈 공공분양

우리가 익히 아는 것처럼 청약은 굉장히 경쟁이 치열하다. 특히 '일반공급'은 무주택자 혹은 유주택자도 누구나 해당되기 때문에 경쟁률이 굉장히 높다. 하지만 일부 '특별공급' 대상자에 해당된다면 경쟁률은 좀 더 낮아진다. 생애최초 주택 구입, 청년, 신혼부부, 다자녀 등 여러 전형이 있는데 물론 경우에 따라서는 경쟁률이 치열할 수 있다. 그러나 전략적으로 보다 더 활용해 볼 만하다.

특별공급은 무주택자를 위한 $85m^2$ 이하 주택을 대상으로

뉴:홈 공공분양 세 가지 유형

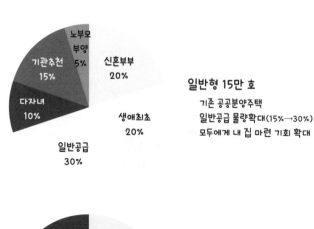

일반형 15만 호

기존 공공분양주택
일반공급 물량확대(15%→30%)
모두에게 내 집 마련 기회 확대

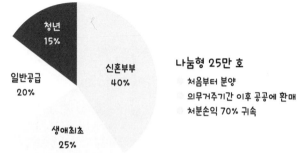

나눔형 25만 호

○ 처음부터 분양
○ 의무거주기간 이후 공공에 환매
○ 처분손익 70% 귀속

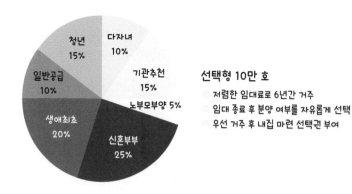

선택형 10만 호

○ 저렴한 임대료로 6년간 거주
○ 임대 종료 후 분양 여부를 자유롭게 선택
○ 우선 거주 후 내집 마련 선택권 부여

자료: 뉴:홈

국가, 지자체, 국민도시기금의 지원을 받는 국민주택과 민간건설업이 주도하는 민영주택에도 일부 물량이 정책적으로 배정되어 있다. 특히 국민주택 중에서도 자금과 시공 모두 국가 혹은 지자체에서 주관하는 공공분양은 가장 많은 특별공급 물량이 배정되어 있어서 주목할 필요가 있다. 물론 소득, 자산 기준 등이 까다롭지만 정부가 오는 2027년까지 공공분양주택 '뉴:홈' 50만 호를 공급할 예정이며, 이중에서 특별공급 물량은 70-90% 수준이라 좀 더 자세히 봐야 한다.

뉴:홈은 세 가지 유형으로 나뉜다. 먼저 15만 호가 있는 일반형은 시세 대비 80% 수준에 분양하는 기존 공공분양주택을 말한다. 그리고 25만 호로 가장 물량이 많은 나눔형의 경우 시세보다 70% 저렴하게 공급되지만 5년 의무 거주기간이 있는데, 되팔 때 이익의 70%만 분양자가 받게 되는 유형이다. 대신 분양가의 최대 80%까지 장기 주택담보대출을 지원받게 된다. 마지막으로 10만 호의 물량이 있는 선택형은 6년간 임대로 거주한 뒤 분양 여부를 선택할 수 있다. 분양가격은 입주 당시와 전환 결정 당시의 감정가 평균으로 산정하며, 최대 10년간 살다가 분양을 결정해도 괜찮다.

생애최초 주택구입이라면

입주자공고일 기준 혼인 중이거나 미혼인 자녀가 있는 경우에 해당한다. 기존에는 배우자를 포함한 세대구성원 모두가 주택을 소유한 사실이 없어야 했지만 최근에 배우자의 경우에는 결혼 전에 소유한 이력은 리셋 되는 것으로 개정되었다. 건설량의 15% 내로 공급되며 일반형, 선택형, 나눔형 중 택할 수 있다. 일반형은 근로자 또는 자영업자로서 5년 이상 소득세 납부 이력이 있고, 가구당 월 평균 소득의 130% 이하(맞벌이는 200% 이하)이면서 자산은 2억 1,550만 원, 자동차는 3,708만 원 이하의 기준을 충족해야 한다. 선택형과 나눔형은 자산 기준이 3억 6,200만 원으로 상향되며 다른 조건은 동일하다. 특히 생애최초 주택구입 전형에서만 저축액이 선납금을 포함하여 600만 원 이상이라는 기준이 하나 더 있어서 체크가 필요하다. 청약통장은 지역에 따라 6-24개월이 경과해야 하며, 6-24회차 납부를 충족하면 된다. 특히 다른 전형과 달리 선정에 있어서 가점이 아니라 모두 추첨제가 적용된다는 특징이 있다.

새롭게 생긴 청년 대상 특별공급

신설된 청년 특별공급은 공공주택 중 전용면적 60㎡ 이하

분양 주택 또는 분양전환 임대주택을 대상으로 한다. 물량은 건설량의 15%로 나눔형과 선택형 중 택할 수 있다. 특히 나눔형에는 추첨체가 적용되기 때문에 상대적으로 가점이 낮은 청년들이 고려해 볼 만하다.

입주자공고일 기준으로 만 19세 이상 39세 이하 청년으로 미혼이며 과거 주택을 소유한 적이 없는 사람이어야 한다. 본인이 무주택자이면서 월 평균 소득이 전년도 도시근로 가구원수별 가구당 월 평균 소득의 140%이하인 경우에 해당된다. 자산은 본인 2억 7,600만 원 이하, 부모는 10억 3,500만 원 이하를 기준으로 한다. 청약 통장은 가입 후 6개월이 지나야 하며, 6회 이상을 납부해야 한다.

이때, 우선공급(30%) 대상자는 현재 근로자 또는 자영업자로서 5년 이상 소득세를 납부한 청년이며, 이후 나머지가 잔여공급된다. 월 평균 소득, 해당 지역 연속거주기간, 주택청약종합저축 납입 횟수, 소득세 납부기간을 모두 합산하여 점수가 높은 순으로 선발된다.

혼인기간 7년 이내, 만 7세 미만의 자녀가 있는 신혼부부

입주자모집공고일 기준으로 혼인기간인 7년 이내이거나 만 7세 미만 자녀가 있는 부부라면 신혼부부 특별공급의 대상이 된다. 여기에 입주 전까지 혼인사실을 증명할 수 있는 예비 신혼부부 그리고 만 7세 미만 자녀를 둔 한부모 가족까지 포함된다. 공급 물량은 일반형은 건설량의 10% 이내, 나눔형은 15% 이내, 선택형은 10%로 전용면적 85㎡ 이하 주택이 대상이 된다. 이전에는 결혼 전 배우자의 주택 소유 이력도 제한이 있었으나 지금은 폐지되었다.

역시 무주택세대 구성원으로서 소득은 전년도 도시근로자 월 평균 소득의 130% 이하, 맞벌이는 200% 이하가 기준이 된다. 자산은 2억 1,550만 원, 자동차는 3,708만 원 이하로 청약통장은 6개월이 지나고, 6회 이상을 납부하면 대상이 된다. 역시나 가구소득, 자녀의 수, 지역 거주기간, 저축 납입횟수, 혼인기간, 한부모 가족 등에 따라 가점으로 선정된다.

물량이 가장 많은 신생아 특별공급

입주자모집공고일 기준으로 현재 2세 미만(2세가 되는 날을 포함)의 자녀가 있는 경우가 해당된다. 일반형은 20%, 나눔형은 35%, 선택형 30%로 가장 많은 물량으로 배정된다. 때문에 무주택자라면 가장 눈 여겨 볼 만한 특별공급 전형이다.

무주택 세대의 구성원으로서 도시근로자 월 평균 소득의 140% 이하, 맞벌이 200% 이하이면서 자산은 3억 6,200만 원 이하가 기준이다. 청약 통장은 6개월 이상이 지나고, 6회 이상 납입한 경우에 해당된다. 선정은 소득 100% 이하에게 70% 우선공급, 소득 140% 이하에게 20%, 그리고 나머지 10%는 140% 이하 대상자들에게 추첨으로 선정된다. 신생아가 있는 가정이라면 소득만 충족하면 되기 때문에 조건도 충족하기 쉬운 편이라고 할 수 있다.

다자녀 특별공급은 두 명부터

입주자모집공고일 기준으로 미성년인 자녀를 두 명 이상 둔 경우에 다자녀 특별공급 대상이 된다. 기존에는 세 명이었으나 2024년 3월부터 두 명도 포함되는 것으로 개정되었다. 이때, 자녀는 태아와 입양자녀를 모두 포함하며, 일반형과 선택형은 각각 건설량의 10% 이내로 물량이 배정된다.

무주택세대 구성원으로서 도시근로자 월 평균 소득의 120% 이하, 맞벌이는 200% 이하에 해당된다. 일반형의 경우 자산은 2억 1,550만 원, 자동차는 3,708만 원 이하로 청약통장은 6개월이 지나고, 6회 이상을 납부하면 대상이 된다. 선택형은 자산 3억 6,200만 원 이하여야 한다. 당첨자 선정은 미성년 자녀 수, 영유아 자녀 수, 세대 구성, 무주택 기간, 해당 시도 거주 기간, 청약 가입 기간 등 가점으로 선정된다.

물량은 적지만 노부모 부양도

　일반공급 1순위에 해당하는 자로서 배우자를 포함한 만 65세 이상의 직계존속을 3년 이상 계속하여 같은 세대별 주민등록표등본에 등재하고, 부양하고 있는 세대주가 대상이 된다. 단, 세대원은 청약에 참여할 수 없다.

　무주택세대 구성원을 대상으로 하며, 소득 기준은 도시근로자 월 평균 소득의 120% 이하, 맞벌이는 200% 이하가 해당된다. 일반형은 부동산 2억 1,550만 원, 자동차 3,708만 원 이하, 나눔형은 부동산 3억 6,200만 원 이하의 자격을 갖추어야 한다. 청약통장은 지역에 따라 6-24개월, 납입 회차도 6-24회차 이상으로 청약 1순위 조건을 충족하면 대상이 될 수 있다.

그래서 청약통장은
어떻게 준비할까?

이러한 청약 제도를 활용하기 위한 기본적인 필수 준비물이 '청약통장'이다. 이전에는 청약저축, 청약부금, 청약예금 등 여러 종류가 있었지만 현재는 '주택청약종합저축' 한 가지만 개설할 수 있다. 그리고 청년들을 위해 2024년부터 새롭게 도입된 '청년 주택드림 청약통장'이 있다. 하나의 통장으로 국민주택과 민영주택 청약 모두 가능하다.

주택청약종합통장, 일단 만들자

'주택청약종합저축'은 1인당 한 개만 개설할 수 있다. 시중 및 지방은행 중 원하는 곳에서 만들면 된다. 일반 적금처럼 보이지만 주택에 당첨되는 '입주자 선정' 전까지는 만기가 없는 특수한 통장이다. 국내에 거주하는 개별 국민 혹은 외국인 거주자라면 연령에 관계없이 누구든지 가입할 수 있지만 19세 이전에 납입한 경우는 최대 5년까지만 인정되기 때문에 너무 어릴 때보다는 최소 14세 이후에 개설하는 것이 좋다.

매월 최소 2만 원부터 50만 원까지 납입할 수 있는 자유적립식이며, 납입금액이 1,500만 원 이하라면 50만 원을 초과해서 입금도 언제든 가능하다. 자유적립식이라 납입을 빼먹어도 괜찮지만, 그 달은 납입 횟수에서 제외된다. 일부 해지를 포함하여 당첨 전까지는 해지가 되지 않기 때문에 장기간 꾸준히 유지해야 하는 통장인 셈이다.

금리는 최대 연 3.1%(24.09-)가 적용되고 있지만 정부 고시 변동금리가 적용되기 때문에 때에 따라서는 오르기도 하고, 내리기도 한다. 사실 2024년 11월 기준 현재 기준금리가 연

청약저축, 주택청약종합저축 적용 이율(24.09.23-)

가입기간	변경 전	변경 후	대비
1개월 이내	무이자	무이자	-
1개월 초과-1년 미만	연 2.0%	연 2.3%	
1년 이상-2년 미만	연 2.5%	연 2.8%	+0.3%p
2년 이상	연 2.8%	연 3.1%	

※단, 1982년 7월 22일 이전에 가입한 청약저축은 제외
자료: 국토교통부

3.25%인 것을 감안하면 낮은 수준이라 단순히 적금의 의미로는 가치가 거의 없다. '청약'에 의미가 있는 특수한 통장이다.

청약통장은 앞서 4장에서 다뤘던 것처럼 연말정산 '소득공제' 혜택이 있다. 무주택 세대주로서 총 급여액 7,000만 원 이하 근로소득자라면 연 납입한도 300만 원의 40%인 120만 원까지 공제 대상이 된다. 기존 240만 원에 확대되어 2024년 1월부터 적용되었다. 실제 절세 효과는 본인의 과세 표준에 따라 다른데 1,400만 원 이하 6% 세율을 적용한다면 최대 7만 2,000원의 세금을 줄일 수 있다. 15%의 세율이라면 18만 원, 24%라면 28만 8,000원의 절세 효과가 있는 셈이다.

연말정산 시에 최초 1회에 한해 무주택확인서를 제출하면 인정받을 수 있다. 또한 중도에 해지한다면 공제받은 도로 토해내야 할 수도 있으니 참고하자.

청약통장 소득공제 최대 절세 효과

최대 연 납입한도 400만 원의 40% 소득공제 절세효과

세율 6%	세율 15%	세율 24%
72,000원	180,000원	288,000원

청년이라면 '주택드림 청약통장'으로

현재 개설할 수 있는 청약통장은 '주택청약종합통장'뿐이지만, 2030 청년들을 위한 '청년 주택드림 청약통장' 제도가 기존 '청년 우대형'에서 24년부터 새롭게 나왔다. 일반 주택청약종합통장과 청년 주택드림 청약통장 중 한 가지만 소유할 수 있으며, 신규로 개설하거나 기존 청약통장에서 전환이 가능하다. 대상이 된다면 금리, 납입한도, 연계대출 등 혜택이 있기 때문에 꼭 활용하면 좋을 제도이다.

나이는 만 19세에서 34세 이하로, 병역 이행 기간이 있는 경우에는 최대 6년까지 빼고 계산한다. 연 소득은 5,000만 원 이하로 무주택자라면 가입 대상이 된다. 기존 청년 우대형과 달리 세대주가 유주택자라고 해도 본인이 소유하고 있는 주택이 없다면 가입할 수 있다.

일반 청약통장 금리가 기본 연 3.1%인 것에 비해 청년 주택드림은 최고 연 4.5%의 우대 금리가 적용된다. 기존에는 우대 이율을 적용하는 식으로 운영했는데 2024년 9월에 개정되어 고시된 금리가 적용되는 방식으로 바뀌었다. 즉, 가입 기간 기준으로 1년 미만은 연 3.7%, 2년 미만은 연 4.2%, 10년 이하는 연 4.5%가 적용된다. 10년 초과 시에는 연 3.1%가 적용된다. 납입 한도도 일반 통장이 50만 원이라면 월 100만 원으로 조금 더 넉넉한 편이지만 급하게 청약을 준비하는 대상자가 아니라면 큰 혜택은 아니라고 생각한다.

여기에 비과세 혜택도 더해진다. 일반적으로 당첨되어 만기되거나 중도해지 시에 이자를 산정할 때 15.4%가 과세된다. 그러나 다음 조건에 해당된다면 0% 비과세가 적용된다. 무주택세대주이면서 직전년도 총 급여액 3,600만 원 혹은 종합소득금액 2,600만 원 이하 그리고 가입기간 2년 이상 유지한 계좌가 대상이다. 이자 소득 500만 원(납입금액 600만 원) 한도 내에서는 비과세가 적용되니 개설할 때나 전환할 때 신청해 두자.

게다가 이후 청약에 당첨되면 최저 연 1.5%의 연계 저금리 대출까지 가능하다. 분양가의 80%까지 구입자금도 지원받

청년주택 드림청약 우대금리, 비과세, 소득공제 요건

구분	우대금리	비과세	소득공제
혜택	일반 청약통장 대비 1.7%p 우대	이자소득 비과세 (세율 15.4%)	연 납입액의 40% 공제
한도	납입금 5,000만 원 한도 (10년 간 적용)	비과세 한도 500만 원 (연 납입금 600만 원까지)	연 납입금 300만 원
소득	근로·사업·기타소득 5,000만 원 이하	근로소득 3,600만 원 또는 사업소득 2,600만 원 이하	근로소득 7,000만 원 이하
신청여부	별도 신청 없음	가입 2년 내 신청 필요	매년 신청 필요
가입 시	본인 무주택	본인이 세대주이면서 세대원 전체 무주택	별도 조건 없음
기타	무주택 기간만 우대금리 적용	가입 후 주택소유 하여도 비과세 적용	해당 과세기간 세대원 전체 무주택 시 적용

자료: 국토교통부

을 수 있기 때문에 내집 마련 후 이자 부담이 확실히 줄어든다. 다만 연계 대출은 적용 시점에 따라서 금리 및 세부 정책이 변경될 가능성이 있다. 결과적으로 조건만 된다면 청년 주택드림 청약통장을 가입하지 않을 이유가 없는 셈이다. 다만 은행에 따라 개설 혹은 전환을 위해 직접 방문해야 하며, 전환 시에는 기존 통장을 일단 정산하게 된다. 그래서 기존에 쌓여있던 이자는 일단 정산 받지만 납입 회차와 금액은 이어서 적용되니 참고하자.

얼마나 납입해야 적절할까?

최소 2만 원부터 최대 50만 원까지 납입 가능한 청약 통장을 언제부터, 매달 얼마를 납입해야 하는 가에 대한 고민들이 많다. 혹시 너무 늦게 가입해서 지금이라도 최대한 넣어두자는 생각으로 50만 원씩 납입하는 경우가 있는데 별로 좋은 방법은 아니다. 정답은 국민주택 선정기준에 따른 25만 원이지만 지금은 약간의 고민이 필요한 시점이다.

현재 가입할 수 있는 청약 통장은 한 개로 국민 및 민영주택 모두 넣어볼 수 있는데 민영주택 청약은 예치금 기준만 있을 뿐, 유지 기간만 가점에 산정된다. 때문에 국민주택 1회 인정금액인 25만 원에 근거하여 납입해야 한다. 그런데 2024년

10월부터 41년 만에 25만 원으로 상향되면서 의견이 다소 분분하다. 언제 당첨될지 모르는 통장에 2.5배가 넘는 25만 원을 매달 납입한다는 것은 상당한 부담이기 때문이다. 1년이면 300만 원, 10년 3,000만 원이며, 20년이면 무려 6,000만 원이라는 목돈이 쌓이게 된다.

그럼에도 국민주택 청약을 준비하는 사람들은 매월 25만 원을 납입할 것이다. 앞으로는 기존과 동일하게 10만 원만 납입하는 것은 그다지 큰 의미가 없다는 생각이다. 본인의 거주 지역을 고려하여 국민주택 청약을 할 것인가에 대한 결정을 내려야 하는 시점인 것이다. 다만 입지가 괜찮은 수준의 수도권 지역 및 일부 지방 지역을 제외하면 최대치인 25만 원을 납입하지 않아도 해 볼만한 수준이라 가능한 범위 내에서 납입하면 된다. 물론 주요 수도권 지역도 좀 더 오래 납입하겠다는 의사가 있다면 25만 원 미만으로 원하는 금액을 납입해도 좋다.

만약 국민주택 청약은 포기하고, 민영주택 혹은 공공주택 청약만 준비한다면 1순위 요건만 충족해 두면 좋겠다. 24개월 이상 유지, 24회차 이상 납부하면 전국 모든 지역의 1순위 요건을 충족한다. 납입금액도 최소 2만 원씩 총 48만 원만 넣고, 그냥 유지하는 것도 괜찮다. 다만 민영주택 선정 기준에서 '가입 기간' 15년 이상이 최고 점수를 받을 수 있으니 일단 개설해 두길 추천한다.

혹시 민영주택 예치금이 부족한 경우에는 '24개월 선납 제도'를 활용하면 된다. 1,500만 원 이하는 금액 상관없이 납입할 수 있기 때문에 입주자모집공고 시점에 납입해도 늦지 않다. 다만 소득공제도 함께 활용할 의향이 있다면 월 최대 25만 원, 연 300만 원 납입 금액까지 포함되니 함께 고려하면 좋겠다.

결국 청약통장은 당첨 이전에 해지가 불가능하기 때문에 절대로 부담스러운 목돈을 납입하거나 유지하기 어려운 수준의 과도한 금액을 납입하면 안 된다. 혹시 매월 납입했던 금액이 부담스러워 유지가 어려운 상황이라면 2만 원만 납입하거나 차라리 미납하는 것도 괜찮다. 중요한 것은 오래 유지하는 것이기 때문이다.

또한 혹시나 잠깐 목돈이 필요한 경우에는 해지보다는 '예금담보대출'을 활용하자. 통상적으로 납입 금액의 90-100%까지 가능하며, 물론 내가 청약통장에서 받는 이자율보다는 다소 높지만 그래도 일반 신용대출 이자보다 낮은 경우가 많다. **결국 청약통장은 장기 레이스다.** 당첨 전까지 유지하는 게 중요하다는 것을 절대로 잊지 말자.

청년, 신혼부부, 신생아 등
저금리 주택담보대출 제도 활용하기

100% 본인이 가진 목돈으로만 내집 마련을 하는 것은 거의 불가능에 가깝다. 물론 과한 대출은 지양해야 하지만 적당히 잘 활용해야 할 때도 있다. 특히 청년 혹은 신혼부부, 다자녀, 신생아 또는 생애 첫 주택을 구입하는 무주택자들을 위한 굉장히 다양한 대출 정책이 있다. 물론 세대주인 본인과 세대원 모두가 무주택자여야 한다. 소득, 재산, 주택 등 조건도 까다롭다. 그렇지만 시중 은행의 일반 주택담보대출 금리에 비해 이자 부담이 훨씬 가벼운 편이다.

게다가 주담대는 매도하기 전까지는 오랜 기간을 유지해야 하는 대출이라 매수 전에 충분히 알고 있어야 한다. 보통 정책

대출은 구입 목적으로 매수할 때만 적용이 가능해서 소유권 이전 등기 전 혹은 접수일로부터 3개월 이전에 신청해야 한다는 점도 유의해야 한다. 때문에 실제로 저금리 대출을 함께 활용하기 위해 전략적으로 6억 원 이하 혹은 9억 원 이하 조건에 맞는 주택을 매수하기도 하니 참고해 보자.

최저 연 1.5% 저금리 '내집 마련 디딤돌 대출'

굉장한 저금리로 받을 수 있는 주택도시기금의 대출 정책으로 최저 1.5%까지 가능하다. 대출 대상은 부부가 합산해 연소득 6,000만 원 이하로 생애최초 주택구입자, 2자녀 이상 가구는 연 소득 7,000만 원까지, 신혼가구는 8,500만 원 이하까지 대상이 된다. 단 만 30세 미만 단독세대주는 미성년 형제자매 중 1인과 동일세대를 구성하고, 부양기간이 6개월 이상이어야 한다는 조건이 있다.

대상주택은 주거 전용면적 85㎡ 이하로 수도권을 제외한 읍, 면 지역은 100㎡까지이며, 담보주택의 평가액이 5억 원 미만이어야 한다. 신혼가구 및 2자녀 이상 가구는 6억 원 이하까지 허용된다. 대출 한도는 일반 2억 5,000원, 생애최초 3억 원, 신혼 및 2자녀 이상 가구 4억 원 이내로 LTV 70%까지다.

단, 실거주 의무제도가 있기에 대출받은 날로부터 1개월 이내에 전입 후 1년 이상 실거주 유지해야 하고, 1주택 유지 의무도 있다. 추가 주택이 취득된 경우에는 6개월 이내에 처분하지 않으면 대출금이 회수될 수 있다. 소득 조건이 까다로운 것은 분명하지만 1%대의 저금리 대출인 점은 분명 매력적이다.

뜨거운 관심을 받았던 '신생아 특례 디딤돌대출'

2024년에 새롭게 도입된 정책으로 인기가 뜨거웠던 주제다. 대출 접수일 기준으로 2년 내 출산, 입양한 무주택 혹은 대환하는 1주택 세대주가 대상이 되며, 2023년 1월 1일 이후 출생아부터 적용된다. 부부합산 연 소득 최대 2억 원 이하, 순자산 가액 4억 6,900만 원 이하로 일반 디딤돌대출에 비해 훨씬 완화되었다. 게다가 금리는 기본 연 1-3% 수준이지만 우대를 적용하면 최저 연 1.2%가 가능할 정도로 굉장히 낮은 수준이다.

대상주택은 주거 전용면적 $85m^2$ 이하로 수도권을 제외한 읍, 면 지역은 $100m^2$까지이지만 담보주택의 평가액이 9억 원까지 허용된다는 점도 인상적이다. 대출 한도도 최고 5억 원 이내, LTV 70%, 생애 최초 주택구입자는 80% 이내까지다. 1년 이상 실거주 의무와 1주택 유지 의무가 있긴 하지만, 현재 정책 대출 중 가장 충족하기 쉬운 조건이다. 때문에 자녀 계획과 내 집 마련 시기를 함께 고려하는 것도 좋을 듯하다.

신혼부부라면 '전용 구입자금대출'

생애최초 주택 구입자 신혼부부를 위한 전용 구입자금 대출로 부부가 합산해 연 소득 연 8,500만 원 이하, 순 자산가액 4억 6,900원 이하 무주택 세대주라면 대상이 되는 제도다. 신혼부부의 기준은 혼인기간 7년 이내 또는 3개월 이내 결혼 예정자를 의미하며, 생애최초 주택구입자만 대상이 될 수 있다.

대상 주택은 주거 전용면적 85㎡ 이하로 수도권을 제외한 읍, 면 지역은 100㎡로 동일하다. 담보주택 평가액이 6억 원 이하, 대출 한도도 최고 4억 원 이하, LTV 80% 이내가 적용된다는 점까지도 디딤돌대출 신혼부부 우대와 같다.

차이점은 디딤돌은 우대 금리를 적용한 후 최저 연 1.5%까지 가능하다면 생애최초 주택 구입자를 위한 신혼부부 전용 자금은 최저 연 1.2%까지 가능하다는 것이다. 또한 기본금리도 약간 더 낮은 편이다. 다만 금리는 정책적으로 바뀔 수 있기 때문에 필요한 시점에 우대 조건을 비교해 보고, 나에게 가장 최저 금리가 적용되는 상품을 선택하면 된다.

약간 애매하지만 고려할 만한 '보금자리론'

최근에는 조금 애매해졌지만 보금자리론도 있다. 기본 금리 수준이 앞서 봤던 디딤돌 등 대출과 달리 시중 주담대와 큰 차이가 없기 때문이다. 물론 우대 금리 최대 1%를 적용하면 좀 더 괜찮을 수 있지만 대부분 최대 우대를 적용 받을 수 있는 것은 아니다. 특히 보금자리론은 대출 실행시점부터 고정금리가 적용되는 점도 고민이 필요하다. 보통 일반 시중 주담대는 6개월 혹은 1년 변동 금리를 적용되는데 조금씩 하락하고 있고, 장기적으로는 좀 더 하락할 여지가 크기 때문이다. 다만 금리와 정책의 세부 내용은 언제든 바뀔 수 있고, 필요한 시점에 따라서는 유용한 정책일 수 있으니 알고 있는 편이 좋겠다.

보금자리론 소득 요건은 부부 합산 연7,000만 원 이하로 신혼부부는 8,500만 원, 미성년 자녀 한 명 8,000만 원, 두 명 9,000만 원, 세 명 1억 원까지 대상이 된다. 담보주택은 6억 원 이하까지, 대출 한도는 최대 3억 6,000원이다. 다자녀 가정이거나 전세사기 피해자는 4억 원, 생애최초 주택 구입자는 4억 2,000만 원 LTV 70% 한도로 적용된다.

최대 30년까지만 가능한 디딤돌대출과 달리 일부 조건에 충족한다면 40년, 50년까지도 가능해서 당장의 대출 이자 부담을 확 낮출 수 있다. 만기 40년은 만 39세 이하 또는 만 49세 이하 신혼가구, 만기 50년은 만 34세 이하 또는 만 39세 이하 신혼가구를 충족해야 한다. 그외에는 다른 대출 상품과 유사하게 최대 30년까지만 가능하다.

무주택자뿐 아니라 대체취득을 위한 일시적 2주택자도 허용되는데 기존 주택을 3년 이내에 처분하겠다는 조건으로 허용된다. 또한 구입용도뿐 아니라 임차보증금 반환이 목적인 보전 용도 그리고 기존 주택담보대출을 갚기 위한 상환 용도로도 가능하다는 점도 고려하면 좋을 듯하다.

새롭게 나온 '청년 주택드림 연계 대출'

2024년에 새롭게 도입된 정책으로 '청년 주택드림 청약 통장'을 보유한 20세에서 39세 무주택 청년이 청약에 당첨되면 전용 '청년 주택드림 대출'을 이용할 수 있다. 단, 해당 청약 통장으로 신규 혹은 전환 이후 1년 이상 가입을 유지하고, 1,000만 원 이상 납입 실적이 있는 경우에 한해 적용되며, 대상 주택은 분양가 6억 원, 전용면적 $85m^2$ 이하다. 체크해야 할 요소가 많은 편이지만 미리 준비할 수 있는 조건들이라 고려해서 챙기는 것도 괜찮은 선택이 될 수 있다.

특히 연계 대출은 분양가의 80%까지 구입 자금을 지원받을 수 있고, 만기도 최대 40년으로 긴 편이다. 금리도 최저 연 2.2%로 낮은 것이 특징이다. 소득과 대출 기간에 따라 금리는 다르게 적용된다. 현재 제도가 도입된 지 1년이 되지 않은 터라 실제 대출을 이용해 본 사람이 아직은 잘 없다. 그래서 시점에 따라 일부 조건이 변동될 수 있지만 청년들에게는 괜찮은 연계 대출이라 참고하면 좋겠다.

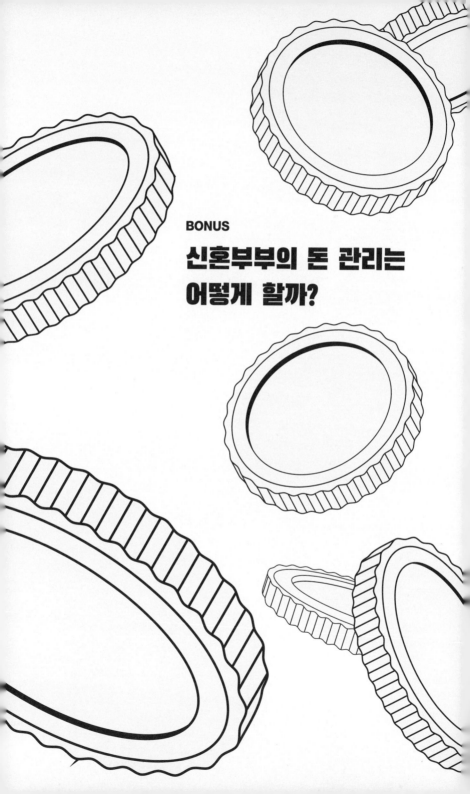

신혼부부의 돈 관리는
어떻게 할까?

새로운 가정의
경제질서 만들기

월급, 합칠까 따로 관리할까?

부부 사이에서도 굉장히 쟁점이 되는 주제일 것이다. 각자의 의견이 굉장히 다를 수 있지만 결론부터 말하면 **조금이라도 더 잘 모으고, 불려나가고 싶다면 합쳐야 한다고 생각한다.** 정확히는 당장 돈을 합치는 것보다 가계 경제에 대해 함께 머리를 맞대고 준비하는 과정이 중요하다는 의미다. 부부는 한 팀이 되는 것이다. 한 명이 아무리 잘 벌고, 모으고, 불린다고 한들 다른 한쪽에서 쓰기에 급급하다면 결과적으로 좋은 시너지를 낼 수 없는 것은 당연하다.

물론 처음 사회생활을 시작하고 돈 관리를 직접 해온 사람에게 갑자기 배우자와 모든 것을 공유하고, 합친다는 게 조금은 썩 내키진 않을 수 있다. 그래서 결혼하자마자 모든 것을 다 함께 해야 한다는 것은 아니다. 시간을 갖고 차근차근 맞춰 나가야 할 부분이다. 하지만 배우자의 수입과 지출, 자산 상황을 아예 모른 채로 그저 지금의 생활비와 주거 비용 정도만 반씩 부담하는 정도라면, 함께 지출을 통제하고 저축하며 자산을 불리는 게 쉽지 않더라도 꼭 달라져야 하는 부분이다.

시작은 **본인의 현재 자산과 대출 상황, 저축 그리고 수입을 정확히 공유하는 것이다.** 당장 돈을 합치는 게 아니라 상황을 '공유'해야 한다는 것이다. 알고 보니 신용대출이 몇천만 원이고, 수입의 대부분을 이자를 갚는 데 쓰고 있는 상태가 되면 안 된다는 뜻이다. 일단 서로를 믿고 공유를 하는 것부터가 시작이다.

이후에 앞으로 생활비와 각자의 용돈, 저축 등을 단계적으로 맞춰나가 보자. 이 과정에서 약간의 생각 차이가 있다면 초기에는 각자의 용돈 비중을 좀 더 높게 책정해보면 좋겠다. 각자 용돈 내에서 나름의 저축과 투자, 소비를 좀 더 유연하게 관리하고 이 비용은 서로 간섭하지 않기로 하는 것이다. 대신 그 외에 함께 하는 저축과 투자 및 소비들은 함께 조율해 나가며 결정하는 힘을 기르기를 추천한다.

물론 섣부른 움직임은 언제나 금물이다. 나의 경우에는 결혼과 거의 동시에 월급을 합쳐 함께 관리하다 보니 목돈도 빨리 모이고, 그만큼 내집 마련도 빨리 할 수 있었지만 각자 자율적으로 운용할 수 있는 여지는 적었다. 소액으로 투자를 한다고 해도 내 용돈으로 하는 것과 공동의 자금으로 한다는 것에 대한 부담은 차이가 크기 때문이다.

그렇기 때문에 신혼부부일 때는 모든 것을 함께 한다는 의미보다는 서로 공유하고, 논의하는 과정들이 중요한 시기라 생각한다. 이후 자녀가 태어나고, 집을 소유하다 보면 어쩔 수 없이 대부분 공동의 자금으로 관리될 테니 말이다.

더없이 소중한 신혼부부의 가계부

앞서 2장에서 가계부에 대한 내용을 상세히 다뤘지만 신혼부부의 가계부는 좀 더 특별하다. 결혼 전 혼자일 때보다는 복잡하지만 또 자녀가 태어나지는 않은 상태라 그보다는 심플할 때이기 때문이다. 두 명의 각기 다른 사람이 함께 공동으로 가계를 운영함에 있어서 손발을 맞추기도 가장 좋은 때가 자녀가 없는 신혼부부 시기라고 생각된다.

어렵다면 **일단 공동 지출에 대한 가계부부터 작성하고 공유하자.** 어플을 통해 공유하고, 각자 본인이 사용한 것은 어플에 기록하는 습관을 들이는 것도 좋다. 그래서 지출에 대한 항목을 어떻게 구분하고, 합당한 지출을 했는지부터 시작하면 좀 더 직관적이다. 매달 고정적으로 발생하는 생활비부터 연간단위로 지출되는 경조사비와 각종 세금 등을 논의해 나가면 된다.

가계부가 어느 정도 정리되면 이후에 '얼마를 저축하고 투자할 것인가'를 슬슬 정해야 한다. 처음에는 얼마가 적절한지 가늠을 하기 어렵기 때문에 일단 소비한 것을 가계부에 적는 것부터 시작하는 게 좋다. 익숙해진다면 결국 '선저축 후지출' 형태로 가야 한다. 저축으로 목돈을 모으면서 어떤 방식으로 투자를 해 나갈 것인지 그리고 내집 마련까지 차근차근 대화의 질을 높여가면 된다. 중요한 것은 기록하고 공유하며, 대화하는 것이다. 점점 레벨업 되는 신혼부부의 가계부를 보는 것도 나름의 뿌듯함일 테니 말이다.

부부 회의에도 리더와 팀원은 필요하다. 고작 두 명의 구성원으로 회의를 한다는 게 너무 거창하게 느껴질 수도 있다. 하지만 신혼부부들에게는 중요한 과정이고, 나의 경우에는 꽤 재미있기도 했다. 두 명이라고 해도 처음으로 한 팀이 되어 가계를 운영하는 것이기 때문에 함께 소통하고, 논의하며 결정할 일들이 많다. 단순히 경제적인 것뿐 아니라 양가 가족, 자녀 양육 등 많은 문제를 함께 해결하고, 결정해 나가기 위해서 소통의 힘을 기르는 것은 정말 중요하다.

이때 리더는 한 명이어야 한다. 조금 더 돈에 관심이 많고,

정리를 잘하는 사람이라면 아내든, 남편이든 상관없다. (누가 됐든 이 책을 읽는 독자가 리더가 될 가능성이 높아 보이지만!) 느슨해질 수 있는 가계의 경제를 앞장서서 끌고 나갈 수 있는 사람이 있어야 한다. 그리고 나머지 팀원인 배우자에게 역할을 배분해주고, 계속해서 함께 해야 할 일을 던져주는 것도 필요하다.

부부는 결국 양날의 검이 아닐까. 함께 손뼉을 마주치지 못하면 혼자 할 때보다 못하다고 느끼게 되고, 마주치면 시너지가 나는 법이다. 처음부터 잘 하는 부부가 어디 있겠는가. 결국 리더가 약간의 희생을 할 필요가 있다. 나 또한 결혼하고 첫 2년간 눈물로 보낸 시기가 있었다. 혼자 하는 것만 같았고, 직장생활도 바쁜데, 그저 벅차다고 느꼈다. 조금 더 할 줄 안다고 해서 왜 다 내 차지가 되어야 하는 지 억울했던 적도 있다.

하지만 그 시기를 잘 견뎌내고 지금은 가계 경제에 대해 남편과 꽤 소통이 잘 되고 있다. 그도 리더인 내 말에 따라 팀원으로 잘 조력해주고 있다. 그리고 상대적으로 공격적인 투자 성향을 가진 남편과 보수적인 성향을 가진 아내로서 각자 공격수, 수비수가 되어 부족한 부분을 채워주기도 하면서 함께 든든하게 해 나가고 있다.

서두르지 말자, 기회는 또 올 테니

혼인신고는 언제 하는 게 좋을까? 결혼과 동시에 해야 하는지, 약간은 미루는 게 좋을지 많은 신혼부부에게 은근한 고민 거리다. 이미 우리나라에서는 결혼식을 하고 나서 혼인신고는 살짝 미루는 것이 관례처럼 되었다. 아이러니하게도 혼인신고를 하면 득이 될 게 없는 게 현실이기 때문이다. 그래서 최근에는 정부에서도 이를 막기 위해 여러 정책들을 만들고 있지만 지금은 약간 애매한 시기인 듯하다.

나의 경우에는 집 문제로 인해 결혼식 두 달 전에 신혼집으로 함께 들어갔고, 이를 그냥 참고 보시지 못했던 아버지가 혼인신고를 하는 조건으로 허락하셨다. 지금 와서 보니 조금 섣부른 결정이었단 생각이 든다. 도장을 꽝꽝 찍고 나서 보니 청년만이 누릴 수 있는 혜택들이 눈에 많이 띄었기 때문이다. **경제적인 관점에서만 보자면 혼인신고를 일부러 일찍 할 필요는 없다.** 확실하게 신혼부부로서 유리한 제도의 혜택이나 권리를 행사할 때 해도 늦지 않다는 생각이다.

신혼부부는 이제 막 결혼을 하고, 부모로부터 완전히 독립해 새롭게 가정을 꾸려나가는 시기다. 하지만 왜 혼자일 때보다 가끔은 더 불안한 걸까. 나 역시 처음 결혼 생활을 시작할 땐 괜히 없었던 내집도 있어야 할 것 같고 자산도 충분해야 할 것만 같고, 수입도 괜히 더 적게만 느껴졌었다. 혼자일 때는 크지 않았던 불안감이 결혼을 하면서 생겨나갔다.

그런데 이제 막 시작하는 부부가 어떻게 모든 것을 다 갖춰놓고 시작할 수 있을까? 그런데 요즘의 사회 분위기가 '그렇지 않다면 혼자 사는 게 더 낫지'하는 분위기가 있다고 느껴진다. 실제로 현재의 삶을 더 즐기는 비혼주의도 점점 더 많아지고 있다. 게다가 주변 사람들의 과도한 관심과 그 속에서 스스로 비교하다 보면 한없이 위축되고, 내 상태는 불안한 것만 같다.

모든 것을 다 준비하고 갖춰서 결혼하는 부부들도 있겠지만 그렇지 않은 사람이 훨씬 더 많은 것이 현실이다. 실제로 나는 서울에 집을 사서 결혼하는 지인은 거의 본 적이 없다. 대부분은 전월세에서 시작한다. 물론 지방인 경우에는 자가인 경우가 많지만 그나마 비싼 입지에서 시작하는 경우도 거의 없다. 나만 그런 것이 아니니 조바심을 낼 필요가 없다.

대신 나는 내집 마련을 하기 전 신혼 기간에 돈 모으는 재미가 정말 쏠쏠했다. 돌이켜보면 섣부르게 집을 사지 않고, 최대한 저금리 전세대출로 주거비를 줄였기 때문에 가능했던 것 같다. 평범한 월급으로 2년 만에 1억 원을 모았다는 자부심도 생겼다. 사실 이러한 책을 쓰게 된 계기도 한 푼, 두 푼 알뜰살뜰 모아보면서 경제를 배웠던 시간들이 있었던 덕분이다. 당장 갖추고 시작하지 못했다는 불안감보다 새롭게 하나씩 채워가는 기대감도 가져보면 좋겠다.

　경제에는 사이클이 있다. 장기적으로는 10년마다 돌아오는 사이클이 있다고들 말한다. 꼭 10년이 아니라도 오를 때도 있고, 떨어질 때도 있다는 의미라 생각한다. 변화가 있을 때 마다 기회는 언제나 오는 법이다.

　'기회는 언제든 또 오니 지금 내 차례가 아니라고 해서 조급할 필요는 없다.' 엄마가 내게 종종 하시던 말씀이다. 무언가 마음처럼 잘 되지 않아 속상할 때는 다음 기회를 생각하며 어떻게 준비할 것인지 고민해보려고 한다. 외적인 경제 상황은 사이클처럼 변하기 때문에 기회는 또 올 것이고, 내적으로 부부가 함께 성장하다 보면 그 기회를 잡는 순간이 올 것이라 믿는다.

대출도 대출 나름,
똑똑하게 돈 빌리기

보통 사회초년생 혹은 결혼을 하고 집을 구하면서 처음 '대출'에 입문한다. 이때 가장 많이 하는 실수가 가진 목돈 전부를 전세 보증금으로 넣고, 전세자금대출을 이용하면서 이 집이 '내집'이라고 착각하는 것이다. 그러면서 더 좋은 입지, 신축, 평형대의 전세로 갈아타기만 생각한다. 그러나 자산은 이런 식으론 절대 늘지 않는다. **'전세 제도'는 월세를 지불하진 않지만 큰돈이 묶여있고, 사실 그 기간만큼 금융소득을 벌 수 있는 기회를 놓치는 것이기도 하기 때문이다.** 그럼에도 주거비용에서 대출 제도를 빼 놓고 생각할 수는 없다. 사회초년생, 신혼부부들이 대출을 제대로 알고, 똑똑하게 활용해야 한다.

신용대출 vs 담보대출

누군가는 대출을 지나치게 꺼리고, 또 다른 누군가는 마치 대출도 마치 자신의 능력인 것마냥 쉽게 사용한다. 둘 다 옳지 않다. 먼저 '신용대출'은 보수적으로 생각해야 한다. 원금을 갚지 않고, 이자만 내다가 1년 후 만기가 도래하면 상환하는 것인데 대부분 만기 연장을 해주기 때문에 빌린 돈임을 체감하지 못하는 경우가 많다. 하지만 퇴사, 폐업 등 갑작스러운 신용에 변화가 생겼을 때, 언제든 상환 통지를 받을 수 있다. 뿐만 아니라 내집 마련을 하기 전에 결국은 갚아야 할 대출이다.

게다가 특히 조심해야 하는 것 중 하나가 마이너스통장, 일명 '마통'이다. 신용대출은 목돈을 바로 통장으로 입금 받는 것이라면 마통은 그 한도만큼 통장에 (-)가 찍힐 수 있도록 빌려주는 것이다. 역시나 별다른 신용에 문자가 없다면 쉽게 연장이 된다. 때문에 마치 마이너스 한도까지를 내 통장의 잔고로 착각하기도 한다. 특히 요즘 대학생, 사회초년생들은 적은 한도이지만 쉽게 빌릴 수 있는 비상금대출을 많이 쓴다고 하는데, 이렇게 하면 건강한 소비 습관을 기르기 어렵다.

물론 예상치 못한 상황일 때, 혹은 적당한 수준의 신용대출은 필요할 것이다. 하지만 본인의 한도를 다 끌어다 쓰거나 원금을 갚을 능력이 되지 않다면 문제가 심각해진다. 특히 전세

담보대출, 주택담보대출 등을 실행할 때 문제가 될 수도 있기 때문이다. 또한 1금융권 은행 대출이 아닌 고금리의 카드론 등은 절대 사용하지 말아야 한다.

군이 꼽자면 **신용대출보다는 담보대출이 좀 더 안전하고 대부분 금리도 더 낮은 편이다.** 전세, 매매 주택을 담보로 혹은 내가 가진 예적금, 주택청약도 담보로 가능하다. 물론 이 경우에도 카드값이 없어서, 사고 싶은 게 있어서 사용하는 것은 당연히 금물이다. 철저히 주거가 목적이어야 한다는 점을 명심하자.

특히 최근 몇 년처럼 세계 경제에 위기가 오면 금리는 급등하기 마련이다. 아무리 연 1%대 전세대출이라고 해도 두 배가 될 수 있다. 만약 100만 원의 이자를 내고 있었다면 순식간에 200만 원을 내야 하는 상황이 올 수도 있다는 뜻이다. 그러니 가용할 수 있는 최대치가 아니라 어떤 변화가 와도 무리가 되지 않는 내에서 활용해야 한다.

신용대출 vs 담보대출 예시

주거를 위한 저금리 정책 대출 활용하기 및 갈아타기

주거 목적으로 일부 대출은 필요한 경우가 대다수다. 하지만 다양한 제도를 아예 모르고 있다면 아마 주거래 은행에 가서 일반 주택담보대출 혹은 전세자금대출을 받고 있을 수도 있다. 친절한 은행원이라면 금리가 조금이라도 더 저렴한 여러 정책 대출을 제안하겠지만 그렇지 않다면 훨씬 더 높은 이자를 내게 될 수도 있다.

대출 정책은 굉장히 자주 바뀌고, 또 저마다 조건이 다르기 때문에 은행원이 아무리 친절한 전문가여도 모든 걸 알고 최선책을 찾아주기는 어렵다. 그러니 내 대출은 내가 우선적으로 챙기겠단 자세가 필요하다. 실제로 제도가 바뀐 지 얼마 안 되어서 은행에 방문했을 때는 내가 은행원에게 설명하는 경우도 있었다. 바뀌는 대출 정책뿐 아니라 우리 가계의 조건도 계속 달라질 것이다. 때문에 처음 집을 구하는 신혼부부에게 자녀가 생기고, 소득이 바뀌는 변화를 겪을 때마다 가계의 조건도 계속해서 달라진다. 이사 혹은 대출을 연장하는 시점에서 항상 새롭게 나온 정책은 없는지, 눈 여겨 봐야 한다.

전월세 대출이라면 5장에서 상세하게 다뤘던 버팀목, 신혼부부 전용 전세대출과 함께 지자체의 임차보증금 지원제도도 살펴보자. 또한 다니고 있는 회사 내 사내대출이나 공무원연금

대출, 공제회대출도 저금리로 이용할 수 있는 정책들도 많으니 함께 활용하자.

특히 주택자금대출은 구입 전부터 대출 정책을 염두에 두고 매수하는 것도 좋다. 특히 디딤돌과 같은 저금리 대출은 소유권등기 접수일로부터 3개월 이내에 신청해야 하는 것들이 많기 때문이다. 또한 매도 전까지 장기간 납입해야 하는 이자인 만큼 신생아 특례처럼 9억 원 이하의 주택에 맞춰서 매수해서 저금리 대출을 함께 활용할 수 있는 조건에 맞는 주택을 구입하는 것도 좋겠다는 생각이 든다.

만약 저금리 정책 대출을 활용하지 못했다고 해도 관심은 꾸준히 가져야 한다. 대출을 처음 실행할 때만 열심히 알아보고, 준비해야 하는 것이 아니라 제도가 계속 바뀌고, 새롭게 생겨나기 때문이다. 2023년에 반짝 나왔던 '특례보금자리론'이 그랬다. 그리고 이제는 대출을 갈아타기도 더 쉬워졌다.

물론 모든 대출이 가능한 것은 아니지만 기본적으로 신용대출, 전세자금대출, 주택담보대출은 갈아타기가 가능하다. 이전에는 일일이 은행에 홈페이지에 접속하거나 직접 방문해서 비교해야 했지만 지금은 여러 금융사 혹은 네이버페이, 카카오페이, 토스, 핀다 등 어플에서 한 번에 가능하다. 간단한 개인정보만 입력하면 조회 및 비교해 볼 수 있다. 다만 대출비교 플랫폼마다 제휴된 금융사가 약간 다를 수 있다. 그래서 한 곳에서

만 조회해보기 보다는 두세 곳 정도를 비교해서 가장 낮은 금리와 적합한 한도가 가능한 곳을 찾으면 된다.

물론 중도상환수수료는 없는지, 있다면 그럼에도 갈아타는 것이 이득인지도 꼭 따져봐야 한다. 또한 언제든 갈아타기를 할 수 있는 것도 아니다. 전세대출을 예시로 보면 기존 대출을 받은 후 3개월이 지난 후 12개월까지, 이후 기존 전세계약 만기 2개월 전부터 15일 전까지 가능하다. 그러니 내가 가지고 있는 대출이 어떤 것들이 있는 지 확인하고, 6개월 혹은 1년 주기로 변동되는지 등 항상 관심을 가져야 한다.

신용점수 관리는 꾸준히

아마 대출을 한 번쯤 해본 사람이라면 '신용점수'가 얼마나 중요한지 잘 알고 있을 것이다. 그런데 사회초년생이나 대출을 받는 게 처음인 사람들은 이를 종종 간과한다. 신용점수는 개인의 신용을 담보로 하는 카드나 대출 등을 이용할 때 돈을 잘 갚을 의지와 능력이 있는지를 종합적으로 평가하는 지표를 말한다. 기존에는 등급제였으나 지금은 1-1,000점까지의 점수제로 바뀌었다.

신용점수는 토스, 네이버페이, 카카오페이 등에서 개인 인증만 하면 어렵지 않게 조회할 수 있다. NICE와 KCB 평가사의

두 가지 점수로 산정되며, 800점 중반대 수준이라면 우량하다고 평가하지만 은행, 보험, 증권사 등 금융권을 원활하게 이용하기 위해서는 높을수록 좋다.

만약 신용카드 및 대출 등 본인의 신용을 담보로 금융권을 이용한 적이 없다면 높은 점수를 얻기는 어렵다. 신용도를 파악하기 애매하기 때문이다. 그래서 어느 정도 소비 습관이 잡혀있다면 신용카드는 한도의 30-50% 수준에서 사용해 주는 것이 신용점수에 도움이 된다. 그외에도 체크카드 사용, 대출 상환, 국민연금/건강보험/통신비/보험료 등 비금융 마이 데이터 자료를 제출하는 것도 점수 향상에 도움이 되니 참고하자.

어쨌든 **중요한 점은 연체를 하지 않는 것과 본인의 소득 대비 과도한**

신용점수 등급표 예시

등급	NICE(마이크레딧)	KCB(올크레딧)	신용자 구분
1등급	900-1000	942-1000	
2등급	870-899	891-941	우량 신용자
3등급	840-869	832-890	
4등급	805-839	768-831	
5등급	750-804	698-767	보통 신용자
6등급	665-749	630-698	
7등급	600-664	530-629	
8등급	515-599	454-529	
9등급	445-514	335-453	저신용자
10등급	0-444	0-334	

자료: 마이크레딧, 올크레딧

대출 및 고금리 대출을 사용하지 않는 것이다. 신용점수가 당장 아무런 영향이 없어도 중요한 대출을 받을 때 매우 중요할 수 있기 때문에 평소에 미리미리 잘 관리하자.

대출은 부부 중 누구의 명의로?

부부 중 '누구의 명의로 대출을 받을 것인지'도 고민될 것이다. 이는 근무 중인 회사, 소득 및 개인의 신용도를 총괄적으로 고려해서 더 우위에 있는 사람의 명의로 받는 것이 유리하다. 특히 신용대출은 대기업이나 공기업, 공무원과 같이 누가 들어도 알 만한 곳에 근무하고 있다면 한도와 금리 면에서 유리하다. 그리고 전세대출은 신용도가 심각한 수준이 아니라면 큰 영향은 없지만 일반 은행권의 주택담보대출은 소득이 높을수록 한도 면에서 훨씬 더 유리하다. 이는 각자의 주거래 은행에 직접 방문해서 상담 받는 게 제일 정확하다.

또한 만약 부부 중 한 명이 이미 신용대출을 갖고 있다면 전세대출은 다른 이의 명의로 하는 것이 한도 면에서 좀 더 유리하다. 반면에 주택담보대출은 실행하기 전에 웬만하면 부부 모두의 신용대출은 정리하는 편이 좋다. 기본적으로 부부의 자산과 대출은 은행에서 함께 공유하고, 합산해서 생각하는 경우가 많기 때문이다.

하지만 대출의 종류나 현재 경제 상황, 제도 등에 따라 달라지는 경우가 많다. 게다가 은행마다 기준이 모두 다르기 때문에 대출을 받기 전에 미리 주거래 은행에 직접 방문해서 상담을 받는 게 가장 정확하다. 최근에는 많은 대출이 비대면으로 대체되고 있지만 대출만큼은 인터넷은행이 아니라면 실제로 방문하는 게 가장 명쾌할 때가 많다. 특히 두 개 이상의 대출을 이용하거나 단위가 큰 대출이 필요할 때는 꼭 방문해서 상담을 받아보고 결정하길 바란다.

신혼부부의
N가지 절세법

앞서 4장에서 연말정산 세테크에 대해서 자세히 다뤘다. 부부가 되고 자녀까지 생기면 혼자일 때보다 연말정산에서 챙겨야 할 게 더 많아진다. 정확하게는 각자 따로 하는 것보다 '전략적으로' 준비한다면 좀 더 많은 절세 혜택을 볼 수 있다는 의미다. 또한 직장인 부부일 때와 직장인과 프리랜서 혹은 사업자 부부라면 준비해야 하는 것들이 또 달라진다.

신용카드는 누구의 명의로 사용할까?

신용카드 소득공제의 기본은 '총 급여의 25%를 사용할 수 있는가?'였다. 총 급여가 5,000만 원인 직장인을 예로 들면 25% '초과분'부터 공제가 적용된다. 그래서 25% 정도 사용했다면 공제받을 수 있는 세액은 없는 셈이다. 신혼부부들은 사실 소비할 곳들이 꽤 많지만 2년차가 되면 약간 애매해질 수 있다. 아무래도 결혼 전 각자 살 때보다는 지출이 줄어드는 경우가 많기 때문이다. 특히 자녀가 없다면 더 그렇다.

통상적으로는 **둘 중 소득이 많은 쪽으로 몰아주는 게 더 좋다.** 그 이유는 소득공제는 한도만큼 '덜 번 셈' 쳐주는 제도이기 때문이다. 소득이 높을수록 더 높은 과세표준에 해당될 확률이 높다. 만약 300만 원 최대치로 소득공제를 받는다면 6% 과세표준에 있는 직장인은 18만 원만큼 세액이 줄어든다. 하지만 15%라면 60만 원이고, 24%라면 72만 원의 효과가 있기 때문에 과세표준이 높은 사람에게 적용했을 때 절세 폭이 더 크다.

신용카드 소득공제 총 급여 25% 초과 예시

총 급여 5,000만원 직장인의 신용카드 사용

500만 원(10%)		0원
1,250만 원(25%)		0원
2,000만 원(40%)		750만 원
공제대상 X	공제대상 O	공제대상 금액

참고로 대중교통비, 전통시장, 문화비와 같은 '특별 소득공제'도 1인당 한도가 있다. 총 급여 7,000만 원 이하는 300만 원, 초과하는 경우에는 200만 원 까지다. 이 또한 최소한 총 급여의 25% 이상을 사용해야만 적용 받을 수 있기에 각자 대상이 되기가 어렵다면 몰아주기를 하는 편이 더 낫다.

더 똑똑하게 연말정산을 한 부부는 어느 쪽일까?

총급여액	A부부			B부부		
	남편	아내	총계	아내	남편	총계
신용카드	4,000	4,000	8,000	4,000	4,000	8,000
체크카드	400	400	800	700	100	800
소득공제액	90	90	180	285	-	285
절세액	13.5	13.5	27	42.8	-	42.8

총 급여액이 각각 4,000만 원인 부부의 예시를 보자. 25%를 초과하는 기준은 1,000만 원이다. A 부부의 경우에는 각각 신용카드 900만 원, 체크카드 400만 원을 사용했고, 체크카드 300만 원의 30%에 해당하는 90만 원을 각각 소득공제 받게 된다. 최종적으로는 15%의 세율을 적용 받아 각각 13만 5,000원씩 총 27만 원의 세금을 줄일 수 있다.

반면 B부부는 아내에게 대부분 지출 몰아주기를 해서 신용카드 1,500만 원, 체크카드 700만 원을 사용했다. 이 경우 소득공제액은 신용카드 75만 원(500×15%)＋체크카드 210만 원(700×30%)으로 285만 원이 된다. 최종적으로 15%의 세율 적용하여 42만 8,000원의 절세액이 예상된다. 남편이 신용카드 소득공제를 받지 못했음에도 A부부보다 15만 8,000원의 세금을 더 줄일 수 있게 된 것이다.

고민스럽다면 작년 1년의 대략적인 소비 통계치를 보고, 소득의 몇 % 정도를 썼는지를 돌아보고 예상해 보자. 이는 작년 연말정산 후 근로소득 원천징수영수증을 보면 확인할 수 있다. 애매하게 각자 사용하여 총 급여의 25% 내외가 된다면 절세는 거의 기대하기 어렵다. 적게 사용한다고 해서 불이익이 있는 것은 아니기에 웬만한 경우에서는 몰아주기를 하는 게 더 이득일 것이다. 물론 과세표준도 동일하고, 각자 총 급여의 25% 이상을 훌쩍 넘어 소비하는 금액대가 크다면 각자 300만 원씩 총 600만 원의 최대 소득공제를 받는 게 가장 크게 이득을 볼 수 있는 방법이다.

정리하자면 부부 각자의 총 급여액과 과세표준 구간 그리고 연간 사용하는 지출 금액을 고려하여 한 사람에게 몰아주는 게 나을지, 소득 대비 지출 금액이 큰 편이라 양쪽이 최대로 공제받을 만큼이라 함께 챙기는 게 나을지 결정해야 한다.

의료비도 한 사람에게 몰아주기

기본적으로 근로자는 총 급여의 3%를 초과해서 의료비로 지출했을 때 15%를 세액공제 연 700만 원 한도 내에서 받을 수 있다. 만약 총 급여 5,000만 원 직장인을 기준으로 한다면 3%는 연 150만 원 수준으로, 결코 적지 않은 금액이다. 따라서 **모든 의료비는 소득이 적은 쪽으로 몰아주는 것이 좋다.** 또한 난임 시술비는 30%, 미숙아, 선천성 이상아 의료비는 20%가 소득공제 대상이다.

자녀가 없는 신혼부부라면 이렇게 소득이 적은 쪽으로 몰아주는 게 유리하지만 자녀가 태어나면 상황이 달라진다. 이는 다음 내용을 참고하자.

자녀의 인적공제 및 의료비/교육비/보험비 공제는 누구에게?

자녀가 태어나면 연말정산은 좀 더 복잡해진다. 연간 소득 금액 100만 원이 넘지 않는 만 20세 미만의 자녀는 인적공제 대상자가 되며, 장애인의 경우 나이 요건 상관없이 대상이 된다. 한 명당 150만 원까지 소득공제가 적용되는데 부부 중 한 사람에게만 올릴 수 있기 때문에 누구에게 올릴지 선택이 필요하다. 아내와 남편 중 각자의 상황에 따라 좀 더 이득이 되는 선택을 하면 된다.

기본적으로는 '소득이 많은 쪽'이 유리하다고 할 수 있다. 특히 소득 차이가 있어서 과세표준에서 세율의 차이가 발생한다면 150만 원의 의미는 더 커진다. 6%를 적용 받는다면 9만 원, 15%라면 22만 5,000원, 24%라면 36만 원을 돌려받는 효과가 있기 때문이다.

다만 자녀의 이름으로 지출되는 의료비와 교육비, 보장성 보험비도 인적공제를 등록한 사람에게 자동으로 등록된다는 점도 고려해야 한다. 특히 의료비는 3% 초과로 사용한 사람에게 적용된다. 그렇기 때문에 '소득이 적은 쪽'이 유리한 항목이라 유불리를 따져봐야 한다. 교육비와 보장성 보험비는 세액공제라 돌려받을 세액이 남아있다면 누구든 상관없다.

참고로 이와 중복으로 적용 받을 수 있는 '자녀 기본 세액공제'는 만 8세 이상 자녀의 수만큼 공제를 받을 수 있다. 이때, 한 명이라면 15만 원, 두 명은 30만 원, 세 명 이상이라면 1인당 연 30만 원이 적용된다. 즉 세 자녀를 뒀다면 90만 원을 공제받는 것이다. 또한 장애인의 경우에는 20세가 넘어도 세액공제를 받을 수 있다. 또한 귀속년도에 출생신고를 하거나 입양신고를 한 자녀가 있을 때 1회에 한해 '출산/입양 세액공제'를 적용 받을 수 있다. 첫째 30만 원, 둘째 50만 원, 셋째 이상은 70만 원씩 세액공제를 받게 된다. 이 또한 종합적으로 고려하여 자녀 인적공제를 누구에게 등록할 것인지를 결정하면 된다.

아마 처음에는 보통 아내가 육아휴직을 쓰는 경우가 많으니 남편 쪽으로 등록하게 될 듯하고, 이후에는 소득을 고려하여 내 가계에 유리한 방향으로 결정하자.

주택관련 원리금 상환과 청약 소득공제도 한 사람만

주택과 관련한 소득공제는 대부분 부부 둘 중 한 명만 적용 받을 수 있어 선택이 필요하다. 먼저 '주택마련저축 소득공제'인 청약통장은 '총 급여액 7,000만 원 이하 무주택 세대주'에 한해 적용된다. 납입액의 40%, 연 납입액 최대 240만 원 한도까지 소득공제가 적용된다. 참고로 '청년 주택드림 청약통장'을 보유하고 있다면 주택 당첨 시에 비과세 혜택을 적용 받을 수 있는데 역시나 무주택 세대주이면서 직전연도 총 급여액 3,600만 원 혹은 종합소득금액 2,600만 원 이하에게만 적용되는 혜택임을 고려해야 한다.

다음 전월세 대출에 대한 원리금의 40%를 공제받는 '주택임차차입금 원리금 상환액'도 '무주택 세대주'를 대상으로 한다. 하지만 세대주가 공제를 받지 않는 경우에는 세대원도 공제를 받을 수 있지만 세대주가 청약통장 소득공제를 받고 있다면 이 또한 세대주만 공제가 적용된다. 주택담보대출에 해당하는 '장기주택저당차입금 이자상환액 공제'도 근로소득자이면서 기준시가 6억 원 이하 1주택을 보유한 세대주에 한해 적용된다.

이렇게 주택 관련해서는 세대주만 받을 수 있는 혜택이 많다. 그러니 부부 중 누구에게 더 유리할지 결정해서 세대주를 지정하자. 참고로 세대주는 대출 계약자와 별개이기 때문에 정부24를 통해 언제든 변경하면 된다.

연금저축계좌/IRP 퇴직연금 세액공제 및 ISA 비과세 한도

만약 공동의 자금으로 함께 투자를 하고 있는 연금저축계좌/IRP 퇴직연금 혹은 ISA 계좌까지 함께 확인하면 좋다. 물론 부부가 모두 각각 한도를 다 사용할 만큼 금융투자에 자금을 넣는 편이라면 상관없겠지만 그렇지 않다면 '소득이 적은 쪽'이 좀 더 유리하다.

먼저 IRP 혹은 연금저축계좌는 근로소득 5,500만 원 이하 혹은 종합소득 4,500만 원 이하라면 16.5%가 공제되지만 소득이 초과된다면 13.2%가 공제되기 때문이다. 직관적으로 연말정산에서 최대 900만 원을 동일하게 납입했을 때, 돌려받을 수 있는 세액은 최대 29만 7,000원까지 차이가 난다. 뿐만 아니라 중도해지를 하게 된다면 기타소득세 16.5%를 부과하기 때문에 13.2% 공제를 받았던 소득자는 손실이 있다는 것도 이유다. 때문에 부부 둘 다 최대치를 납입할 것이 아니라면 소득이 적은 쪽이 좀 더 유리하다.

ISA 계좌는 소득에 따라 비과세 한도가 다르다. 총 급여

5,000만 원 이하 혹은 종합소득 3,800만 원 이하는 서민형으로 400만 원까지 비과세 한도가 부여된다. 나머지 일반은 200만 원 한도. 최소 3년 이상 중장기 보유해야 하는 계좌인 만큼 최초에 비과세 한도가 넉넉한 쪽으로 개설하는 게 좋다.

직장인 - 프리랜서/사업자 부부라면

직장인과 같은 근로소득자가 연말정산을 하는 것과 (근로소득이 없는) 프리랜서/사업자가 종합소득세 신고를 하는 것은 유사하지만 약간의 차이가 있다. 기본적으로 프리랜서/사업자 중 일정 소득 기준 이하는 일부가 자동으로 경비로 처리된다. 그래서 근로소득자만큼 공제받을 수 있는 내역이 많지 않다.

먼저 가장 기본적인 신용카드 공제가 적용되지 않는다. 때문에 사업에 필요한 경비 처리를 할 것이 아니라면 근로소득자인 배우자 명의의 카드를 사용하거나 현금영수증을 등록해주면 좋다. 뿐만 아니라 주택마련저축인 청약통장 소득공제도 제외된다. 여기에 보장성 보험료, 의료비, 교육비, 월세액, 주택자금차입금 이자세액공제도 모두 제외된다. 때문에 주택 관련 자금과 의료비, 교육비 등도 배우자에게 몰아주는 게 좋다.

대신 프리랜서/사업자에게도 동일하게 적용되는 절세 항목은 인적 기본공제 및 추가공제, 기부금, 연금, 자녀 세액공제,

근로소득자 소득공제명세

근로소득자 세액공제명세

특별소득 공제	⑧⑨ 보험료 공제(건강보험료 및 고용보험료)
	⑧⑨ 주택자금 공제
	⑨⓪ 주택마련저축소득공제
	⑨① 우리사주조합 출연금
그 밖의 소득 공제	⑨② 장기집합투자증권저축
	⑨③ 신용카드 등 사용액
	⑨④ 고용유지 중소기업 근로자

근로소득자 세액공제명세

⑩① 근로소득세액공제

	⑩② 보험료	보장성
특별세액 공제	⑩③ 의료비	장애인전용보장성
	⑩④ 교육비	

⑩⑤ 주택자금차입금 이자세액공제

⑩⑥ 외국납부세액공제

⑩⑦ 월세액 세액공제

자료: 국세청

IRP/연금저축, 기부금 등이 있다. 또한 근로소득자는 제외되고, 프리랜서/사업자만 해당되는 '노란우산공제'라는 절세 방법이 있다. 4장에서 다뤘던 것처럼 '소기업 소상공인 공제부금'이라고도 부르는데 직장인 퇴직금과 유사한 제도로 매월 최소 5만 원부터 납입할 수 있으며, 납입부금에 대해 최대 연간 500만 원까지 소득공제가 된다. 단 60세 이상 혹은 폐업, 퇴직 등의 사유가 아니라면 해지가 쉽지 않으니 참고하자.

미리 준비하는 자녀 증여세

자녀가 태어나면 미리 준비할 수 있는 증여세 관련 절세 방법도 있다. 아마 아이를 낳으면 많은 사람들이 자녀의 미래를 위해 목돈을 차근차근 준비해 줄 계획을 세울 것이다. 내 아이에게 돈을 주는 것도 당연히 과세 대상이다. 기본적으로 타인으로부터 재산을 받았을 때, 증여 받은 수증자가 내는 세금을 '증여세'라고 한다. 현금뿐 아니라 주식, 부동산 등 모든 재산이 증여세 대상에 포함된다. 물론 자녀를 양육하는데 필요한 필수적인 비용과 교육비, 용돈 등 사회통념상 인정되는 비용은 제외된다. 그러나 그외에는 모두 과세 대상이 된다는 것을 알고 있어야 한다.

증여세 세율은 1억 원 이하 10%, 5억 원 이하 20%, 10억 원 이하 30%, 30억 원 이하 40% 그리고 30억 원을 초과하면 무려 50%가 적용된다. 사실 1억 원이라고 해도 1,000만 원을 세금으로 내야 하니 꽤 부담스러운 금액이다. 하지만 일부 금액은 면제한도에 따라 '증여재산공제'가 적용된다. 미성년자는 10년마다 2,000만 원씩, 그리고 성인이 된 자녀도 10년마다 5,000만 원까지는 비과세가 되고, 이후 초과하는 금액에 대해서는 10-50% 세율이 적용된다.

즉, 자녀가 태어나자마자 0세에 2,000만 원, 10세에 2,000만 원씩 증여하면 미성년자일 때 총 4,000만 원까지 비과세 증여가 가능하다. 그리고 20세가 되는 해에 5,000만 원 그리고 30세에 5,000만 원에 맞춰 증여하면 결혼 전 총 1억 4,000만 원을 과세 없이 줄 수 있다. 게다가 주식으로 증여하게 될 경우, 증여일 현재의 시가로 증여재산을 평가하기 때문에 이후에 주식 가격이 상승해도 차액에 대한 세금을 내지 않는 것도 장점이 있다.

여기에 2024년 1월에 새롭게 신설된 정책으로 '혼인-출산 증여재산 공제'도 있다. 혼인 신고일 전후 2년 내, 자녀의 출생일 및 입양신고일로부터 2년 내 직계존속인 부모로부터 증여받으면 1억 원이 추가로 공제되는 제도이다. 재혼과 첫째, 둘째 모두 상관없이 적용되나 1인당 평생 한도가 1억 원이다. 때문에 첫째 출산 이후 4,000만 원을 증여 받았다면 둘째 출산에는 6,000만 원까지만 공제가 가능하다고 생각하면 된다. 미리 알고 준비한다면 불필요한 세금을 내지 않아도 되니 참고하면 좋을 사항이다.

점점 확대되는
임신/출산 지원금 제도

저출산 현상이 점점 심화하면서 최근 몇 년 사이에 정말 빠르게 임신/출산 지원금 제도도 확대되었다. 물론 여전히 자녀를 낳고 기르기에 충분한 금액은 아니지만 임신부터 출산 후 초기에는 꽤 도움이 될 만한 제도들이 많아졌다. 출산/육아휴직 등으로 인해 소득이 적어지거나 공백기가 생기는 것 때문에 고민이 많을 텐데 자금 계획에 포함해 고려하면 좋을 듯하다.

임신·출산 진료비 바우처와 첫만남 이용권

먼저 임신 사실을 알게 되면 신청 후 받을 수 있는 첫 지원금은 '임신·출산 바우처'다. 태아 수에 따라 지원되는 것으로 단태아 100만 원, 쌍둥이 200만 원, 세쌍둥이 300만 원, 네쌍둥이 400만 원을 받게 되며, 이후 한 명씩 늘어날 때마다 100만 원씩 증액된다. 유산과 사산 등도 포함되고, 임산부 본인과 만 2세 미만 영유아의 진료비, 약제 및 치료재료 구입비 명목으로 사용할 수 있어 보통 병원, 약국에서 많이들 사용하는 편이다. 다만 산후조리원은 제외되며, 국민행복카드를 통해 출산·유산 진단일로부터 2년까지 사용할 수 있다.

출생신고 후 주민등록번호를 받고 나면 신청할 수 있는 '첫만남 이용권'도 있다. 첫째아는 200만 원, 둘째아 이상은 300만 원이 바우처로 지급된다. 산후조리원에서 사용이 가능하고, 유흥·사행 업종 등을 제외한 온오프라인 매장에서 편리하게 이용할 수 있다.

부모급여와 아동수당(양육수당)

2023년에 신설된 '부모급여'는 0개월에서 25개월까지 2년간 지원받을 수 있는 지원금이다. 2024년 기준으로 0개월에서 11개월까지 매월 100만 원, 12개월부터 23개월까지 매월 50만 원을 현금으로 지원받게 된다. 1년차에 1,200만 원, 2년차에 600만 원으로 합산하면 1,800만 원으로 결코 적지 않은 금액이다. '아동수당'은 0개월부터 95개월까지 8세 이전 아동들에게 매월 10만 원씩 현금으로 지급된다. 부모 급여와 중복으로 받을 수 있다.

참고로 부모 급여가 종료된 24개월부터 어린이집, 유치원 등 보육 시설을 이용하지 않는 경우에는 '양육수당'이 지급된다. 매월 10만 원씩 8세 이전까지 받을 수 있는 제도다.

지자체 지원금

지역 상관없이 받을 수 있는 지원금 외에도 최근에는 지자체에서 자체적으로 지원하는 것들이 굉장히 많다. 대부분의 지자체가 시행하고 있는 정책이지만 서울시는 임산부 교통비 70만 원, 산후조리 경비로 단태아 100만 원, 쌍태아 200만 원, 삼태아 300만 원까지 지원된다. 첫만남 이용권이 나오면서 폐지되는 곳들도 있긴 하지만 여전히 일부 구에서는 별도의 출산 축하금을 챙겨주기도 한다.

인천광역시는 '출산지원금 1억 원'으로 유명한 지자체다. 앞서 공통적으로 받았던 지원금과 함께 보육료/급식비 2,540만 원, 초중고 급식비 1,650만 원까지 합산하면 7,200만 원인데 여기에 3,800만 원을 더 보태준다. 임산부 교통비 50만 원, 12개월부터 95개월까지 매달 10만 원을 주는 천사지원금 총 840만 원, 8세부터 18세 아동 대상 매월 15만 원을 지급하는 아이꿈 수당 1,980만 원이 있다. 게다가 일부 지역에서 아빠 휴직제도가 도입되어 매월 50만 원씩 6-7개월간 지급된다.

점점 확대되고 있는 육아휴직 급여

저출산을 극복할 방안으로 매년 육아휴직 급여도 확대되고 있다. 육아휴직 급여는 만 8세 이하 또는 초등학교 2학년 이하의 자녀를 둔 근로자가 양육을 위해 자녀 1명당 최대 1년간 사용할 수 있으며, 해당 기간에 받을 수 있는 급여를 말한다. 2025년 기준으로 1-3개월 매월 최대 250만 원, 4-6개월 최대 200만 원, 7-12개월 월 최대 160만 원을 받게 된다. 1년간 최대로 받을 수 있는 급여액이 2024년 1,800만 원에서 2025년 2,310만 원으로 오른 셈이다. 이때, 지급 기준은 통상임금의 80%가 적용되는데 기본급여, 고정수당, 월 기준 상여금을 합

2025년 기준, 육아휴직 급여 최대 상한액

| 1-3개월
월 최대
250만 원 | 4-6개월
월 최대
200만 원 | 6-12개월
월 최대
160만 원 | = | 최대
2,310만 원 |

산하여 월 소정근로시간으로 나눈 임금을 의미한다.

또한 이와 함께 '육아휴직 사후지급금' 제도도 폐지되었다. 기존에는 휴직 중에 급여의 75%를 받고, 복직 후 6개월 이상 근무하면 나머지 25%를 받을 수 있었는데 없어지면서 휴직 기간 내에 급여를 모두 받을 수 있게 되었다.

여기에 2024년부터 새롭게 신설된 '6+6 부모육아휴직제'도 있다. 자녀 생후 18개월 내에 부모가 동시에 혹은 순차적으로 육아휴직을 사용하는 경우에 첫 6개월에 대해 부모 각각의 육아휴직 급여를 좀 더 많이 받게 된다. 2025년 기준으로 1-2개월 최대 250만 원, 3개월 300만 원, 4개월 350만 원, 5개월 400만 원 그리고 6개월은 최대 450만 원이 지급되며, 통상임금의 100%가 적용된다. 특히 아빠들의 육아휴직을 장려하는 제도로 부모가 합산하면 꽤 큰 금액을 매월 받을 수 있기에 출산후 소득 공백기에 적극 활용하면 좋을 듯하다.

6+6 부모육아휴직제

개월	아빠	엄마	최대
1개월	최대 250만 원	최대 250만 원	최대 500만 원
2개월	최대 250만 원	최대 250만 원	최대 500만 원
3개월	최대 300만 원	최대 300만 원	최대 600만 원
4개월	최대 350만 원	최대 350만 원	최대 700만 원
5개월	최대 400만 원	최대 400만 원	최대 800만 원
6개월	최대 450만 원	최대 450만 원	최대 900만 원

자료: 고용노동부

당신의 불안감에
용기가 되는 시간이었길

끝이 보이지 않을 것만 같았던 책을 마무리하게 되었습니다. 제가 쓰는 이야기가 읽는 분들에게 어떤 도움을 줄 수 있을까, 고민이 많았습니다. 처음에는 어떤 책이 되었으면 좋겠다는 생각이 모호하기만 했는데 한 장씩 늘어날 때마다 좀 더 분명해진 듯합니다.

우리는 마음 한구석에 '불안감'이라는 씨앗을 품고 삽니다. 고등학생 때는 대학 진학을 걱정하고 대학생이 되면 취업을, 직장을 구하고 나면 이직과 결혼이 그리고 결혼을 하고 나면 자녀와 부모님, 노후 걱정이 뒤따라 옵니다. 수많은 관계와 미래에 대한 끊임없는 고민의 사슬에서 '돈'은 떼려야 뗄 수 없는 존재입니다. 앞으로 나이가 들수록 더 많이 체감이 되겠지요.

저는 원래 돈에 그다지 관심이 많은 사람이 아니라 생각했습니다. 큰돈을 모으고 싶은 욕심이 생긴 적도 없었고, 부모님

덕분에 대단히 풍족하진 않아도 큰 결핍이 없었던 것도 그 이유일 겁니다. 그런데 사회생활을 시작하고 오롯이 제 월급으로 가능한 것만을 하면서 처음으로 현실을 제대로 직면하게 되었습니다. 생각보다 제 월급으로 할 수 없는 것들이 많아졌기 때문입니다. 그리고 결혼을 하면서 완전한 독립을 했고, 지금도 돈의 존재를 제대로 마주하는 과정 중에 있습니다.

저는 결국 돈에 대해 직면하는 계기가 사람마다 언제 찾아오느냐에 대한 시기의 문제지 누구나 하고 싶은 것, 이루고 싶은 목표가 있기에 돈의 중요성을 자각하는 순간이 올 것이라 생각합니다. 저 또한 처음엔 무관심이었다면 다음은 두려움이었습니다. '경제'라는 단어만 들어도 너무 낯설기만 한데 괜히 나만 뒤쳐져 있다는 생각에 더 자신감이 없어지기도 했습니다. 지금도 여전히 마음 한 구석에는 불안감이 있지만 그것을 동력으로 평생 공부해 나가야 하는 숙제라 여기기로 했습니다.

우리 사회에서 돈 얘기만 하는 걸 딱히 좋게 보지 않는 시선도 있습니다. 돈만 밝힌다, 생각하는 사람도 있지요. 저는 남들 앞에서 돈 이야기를 즐겨 하지 않습니다. 다만, 돈은 우리의 삶에서 굉장히 중요한 것이라 확신합니다. 돈이 많다고 무조건 행복한 건 아니지만 돈 없이 행복하기는 쉽지 않기 때문입니다. 언제나 '적당한' 돈은 필요합니다. 그것이 우리가 돈 공부를 하는 이유라고 생각합니다. 늦었다고 생각하는 지금 하나씩 쌓아가는 지식들이 당장 현실에서는 아무 것도 바꿀 수 없을 것 같아도 우리의 30대, 40대 혹은 더 먼 미래를 조금씩 바꿔줄 것입니다. 생각이 달라지면 행동도 달라지는 법이고, 시간이 쌓일수록 그 격차는 점점 더 커질 거라 생각합니다.

돈 공부에는 때가 없습니다. 초등학교, 중학교, 고등학교처럼 교육과정이 정해져 있는 것도 아니고, 안 한다고 해서 누가 손가락질하지도 않습니다. 그렇기 때문에 은행 입출금통장이 전부인 사람조차 지금부터 시작해도 늦은 게 아닙니다. 한 발짝 떨어져 보면 100세를 넘게 사는 시대에 오히려 빠른 것일지도 모르죠. 그러니 우리 잘 모른다고 위축되지 말아요.

이제 막 돈에 관심 갖고, 돈 모으기를 시작하고 싶은 2030 청년들 혹은 신혼부부, 자녀를 준비하고 키우는 부부들을 생각하며 꼭 알았으면 좋겠다는 내용과 약간의 제 경험을 지금까지 이야기해봤습니다. 저는 가끔 무언가 결과가 확실하지 않고 막연해도 '이렇게 시작하면 되겠다'라는 생각이 들면 괜히 힘이 나고, 막 엔돌핀도 솟습니다. 앞으로 하나씩 실천해 나가는 것은 여러분이 몫이 되겠지만 쉽게 따라 할 만한, 엔돌핀이 솟는 책이 되었으면 좋겠습니다.

물론 경제 초보자, 경린이들을 위한 책이라고 해도 다 이해하지 못한 부분이 있을 수 있습니다. 걱정하지 않아도 됩니다. 어려운 게 아니라 낯선 것일 뿐입니다. 이제 '시작'했다는 게 더 중요합니다. 지금 완전하지 못해도 어렴풋이 본 내용의 기억이 뿌리가 되어 천천히 튼튼한 가지로 뻗어나갈 것입니다.

개인적으로 따뜻한 위로나 격려를 잘 할 줄 아는 사람은 아닙니다. 다만 마음 속에 느끼는 불안감을 저도 늘 똑같이 겪고 있기에 이제 막 첫 발을 내딛는 청년과 신혼부부 혹은 부모가 되는 시작점에 쉬운 지침이 되는 책이 되면 좋겠습니다. 또 책을 읽고 궁금하신 부분이나 고민이 있다면 언제든 블로그를 통해 소통할 수 있으니 댓글 남겨주세요.

끝으로 당신의 불안감에 작은 용기와 격려가 되는 시간이었기를 바랍니다. 독자 분들께서 책을 읽느라 써주신 보이지 않는 시간들도 저에게 큰 용기가 될 것 같아요. 감사합니다.

돈 모을 결심을 하고
인생이 달라졌습니다

1판 1쇄 인쇄 2024년 12월 5일
1판 1쇄 발행 2024년 12월 13일

지은이   진다영
펴낸이   김기옥

경제경영팀장 모민원
기획 편집   변호이 박지선
마케팅   박진모
경영지원   고광현
제작   김형식

인쇄 · 제본 민언프린텍
표지 디자인 MALLYBOOK
본문 디자인 푸른나무디자인

펴낸곳   한스미디어(한즈미디어(주))
주소   04037 서울특별시 마포구 양화로 11길 13(서교동, 강원빌딩 5층)
전화   02-707-0337
팩스   02-707-0198
홈페이지   www.hansmedia.com
출판신고번호 제 313-2003-227호 | 신고일자 2003년 6월 25일

ISBN   979-11-93712-63-4 03320

돈 모을 결심을 하고
인생이 달라졌습니다